EL LIBRO DE LA LUZ

Pregunta, y el cielo responderá

ALEXANDRA SOLNADO

ATRIA ESPAÑOL
Nueva York   Londres   Toronto   Sídney

ATRIA ESPAÑOL

Una división de Simon & Schuster, Inc.
1230 Avenida de las Américas
Nueva York, NY 10020

Primera edición en rústica de Atria Español, abril 2011

ATRIA ESPAÑOL y su colofón son sellos editoriales de Simon & Schuster, Inc.

Para obtener información respecto a descuentos especiales en ventas al por mayor,
diríjase a Simon & Schuster Special Sales al 1-866-506-1949 o a la siguiente dirección
electrónica: business@simonandschuster.com.

La Oficina de Oradores (Speakers Bureau) de Simon & Schuster puede presentar
autores en cualquiera de sus eventos en vivo. Para más información o para hacer
una reservación para un evento, llame al Speakers Bureau de Simon & Schuster,
1-866-248-3049 o visite nuestra página web en www.simonspeakers.com.

Diseñado por Akasha Archer

Impreso en los Estados Unidos de América

10 9 8 7 6 5 4 3 2

Library of Congress Cataloging-in-Publication Data

Solnado, Alexandra.
  [Livro da luz. Spanish]
  El libro de la luz : pregunta, y el cielo responderá/ Alexandra
Solnado. — 1. ed. en rustica.
    p. cm.
1. Divination.   2. Spirit writings.   3. Jesus Christ (Spirit)   I. Title.
  BF1755.S6618 2011
  248.2—dc22   2010041689

ISBN 978-1-4516-1258-5
ISBN 978-1-4516-1268-4 (ebook)

EL LIBRO
DE LA LUZ

Cuando crees que ya sabes las respuestas, la vida viene y te cambia las preguntas.

ANÓNIMO

Aquí está el libro de las nuevas respuestas a tus nuevas preguntas.

JESÚS

TABLA DE CONTENIDO

INTRODUCCION

Este libro ha sido pensado para ti.

¿Cuántas veces has tenido dudas? ¿Cuántas veces has hablado conmigo sin la más mínima esperanza de que yo te respondiera? ¿Cuántas veces has intentando establecer contacto, en vano?

Este libro es para ti. Para ti que me estás leyendo ahora.

Y es un intento de mi parte de comunicarme, de responder a tus anhelos.

Son textos de luz que te van a llenar de energía. Espero conseguir iluminarte sobre cuestiones fundamentales que rodean tu día a día.

Te tuteo para estrenar nuestra relación.

Para cada cuestión, tienes que escoger dos símbolos (que se incluyen en esta edición). Son caracteres del alfabeto arameo, el idioma que yo hablaba cuando estuve ahí abajo, en la Tierra, hace dos mil años. Según el dibujo formado por esos dos símbolos (ver tabla de símbolos al final del libro), accederás a un mensaje mío acerca de la pregunta que planteaste. Ese será mi comentario a la situación.

Este libro no es un libro cualquiera. Es un libro de comunicación con el cielo. Cuando escojas los dos símbolos, deberás entender y creer que todo tiene un propósito y que yo desde aquí arriba, a través de los mensajes, podré darte grandes enseñanzas.

Habla conmigo y yo responderé a través de estos textos, del lenguaje simbólico que te envío para que recapacites sobre las cosas que te planteas, pero principalmente, para que sientas mi energía. Cuando estés leyendo, lee despacio y abre tu corazón para que yo entre. Para que puedas "sentir" la respuesta, más que "racionalizar" la respuesta.

Antes de elegir los símbolos, piensa en mí. Intenta calmar tu espíritu, respira tres veces. Después, piensa en mí. Abre tu corazón y recibe mi energía.

Seguidamente, piensa en un asunto que te preocupe. No hagas preguntas, no pidas nada, sólo piensa en el asunto, y piensa cómo te gustaría verlo tratado. Y yo lo comentaré, desde el punto de vista de aquí arriba. Aquí arriba tenemos la sabiduría espiritual, así como una visión panorámica de tu existencia.

Te hablaré acerca de ese asunto. Te llamaré la atención algunas veces y otras tantas te elogiaré. No te preocupes con las llamadas de atención. No pienses que estoy enfadado contigo. Yo nunca me enfado, sólo quiero ayudarte a encontrar tu camino. En cuanto a los elogios, aprovecha para no caer en la vanidad. Cuidado con el ego. Puedes estar en el buen camino, pero si un elogio de Jesús te hace vanidoso, ten cuidado que la prepotencia se asoma y está preparada para dominarte.

La prepotencia es el mayor ataque del ego. Ella te hace pensar que eres mejor que los demás, tus hermanos. Además es muy poco espiritual, y eso frena la evolución.

Cuando yo te llame la atención, intenta oírme sin sentir culpa.

La culpa no existe. Cuando te equivoques tendrás siempre el día de mañana para remediar tu error. Lo importante es que escojas siempre según quien eres, y no según lo que los demás esperan de ti.

Cuando yo te elogie, puedes sentirte feliz, puedes sentirte realmente muy feliz, pero no pierdas el centro. Sé humilde. Todas las personas son iguales.

Nunca nadie es mejor que otro. Diferente sí, mejor, nunca.

Nunca plantees la misma cuestión más de una vez en el mismo día. Espera al día siguiente. El tiempo siempre ha sido un buen maestro, y mañana el asunto puede tener ya otra energía.

Si por algún motivo al haber hecho la misma pregunta más de una vez (en días diferentes), la información parece contradictoria, eso quiere decir que el asunto en el que te concentraste para hacer la consulta es complejo y dual. Contiene en sí mismo los opuestos y como tal, deberá ser objeto de doble atención.

Finalmente, cuenta conmigo, siempre, para tus dudas. Habla conmigo, pregunta. Si hasta ahora hacías las preguntas sin cualquier esperanza de obtener respuesta de manera clara e inequívoca, aquí tienes textos de luz que he preparado para ti.

Ninguna pregunta se quedará sin respuesta. Estaré presente para hablar acerca de tu vida a cualquier hora del día y la noche. Era mi deseo estar más cerca de ti, para orientarte. Felizmente lo hemos conseguido. Ahora sólo hay que poner manos a la obra.

Estoy preparado para empezar a entrar en tu vida. Espero que recibas mis enseñanzas tan bien como me recibes a mí.

Jesús

COMO OBTENER RESPUESTAS
DE *EL LIBRO DE LA LUZ*

Para hacer una pregunta:

- Siéntate en un lugar cómodo.
- Si es posible, pon una música suave y enciende un incienso.
- Visualiza una luz blanca invadiendo tu cuerpo.
- Visualiza una luz blanca invadiendo los símbolos.
- Concéntrate en una situación o persona.
- *El libro de la luz* analizará la energía de los implicados y comentará la situación.
- En este libro, Jesús responde a cada pregunta presentada. No da respuestas objetivas, apenas hace un comentario para que sea cada uno quien encuentre su propia respuesta. No te olvides de que en el cielo nadie toca nuestro libre albedrío. Pueden guiarnos, iluminarnos, pero la elección final acerca de cada tema será siempre nuestra.
- Nunca hagas la misma pregunta más de una vez en el mismo día. Si quieres saber más, inténtalo al día siguiente.
- Elige lentamente dos símbolos, siempre concentrándote en la situación o persona.
- Ve al cuadro de símbolos. El primer símbolo que se haya elegido se refiere a la columna vertical. El segundo se refiere a la columna horizontal.
- En el punto donde ambos símbolos se encuentran, verás el número del mensaje relacionado con tu pregunta.
- Lee cada mensaje tres veces para interiorizar el significado y ver como se relaciona a tu pregunta.
- Si un mensaje sale más de dos veces (independientemente de la pregunta presentada), es porque se destina a tu vida en general, a tu ser, a tu persona.

COMO CREAR LAS MONEDAS

Si tu copia de este libro no incluía las monedas, existen algunas opciones para que puedas hacerlas tu mismo:

1. Visita www.alexandrasolnado.net, en donde encontrarás los símbolos necesarios. Imprímelos y córtalos.
2. Se creativo y dibuja tu propios símbolos. Búscalos al final de libro para ver como son o también puedes cortarlos directamente de la página.

COMO ELEGIR LOS SIMBOLOS

Elegir los símbolos es un ritual.

El acto de elegir los símbolos ocurre en un pequeño espacio de tiempo. Entre escoger el símbolo y tomarlo pasa apenas una milésima de segundo. Es el tiempo que yo necesito para arreglar las cosas, para transferir vibraciones, para recolocar las señales en su lugar, para que todo ocurra como tiene que ocurrir.

Antes de elegir los dos símbolos, pon la conciencia en tu pecho y siente profundamente el asunto que quieres tratar.

Cuanto más profundamente sientas, mayor será la comunión que establezcas con el Universo y, por tanto, mayor comunicación con los mensajes.

El acto de sacar los símbolos es ya la pregunta. En la conjunción de los símbolos está la respuesta.

La conjunción de los símbolos es siempre aleatoria, dicen los científicos.

La conjunción de los símbolos es siempre mágica, digo yo.

En el acto de elegir los símbolos reside la fuerza de la Tierra. La inmensa fuerza del libre albedrío de los hombres que quieren avanzar.

Y los símbolos saldrán como tienen que salir.

Para que yo pueda dar la respuesta.

Preguntar a mi libro *El libro de la luz* es aceptar la respuesta que venga. No siempre será la que te gustaría recibir.

Y porque yo no miento, las repuestas podrán tener un sabor amargo o dulce, según la verdad que será dicha.

Y amaré siempre a quien esté dispuesto a escuchar la verdad.

JESÚS

TABLA DE SÍMBOLOS

Cuando saques el primer símbolo, busca en la línea vertical. Cuando saques el segundo símbolo, busca en la línea horizontal. El encuentro de los dos símbolos indica el número del mensaje equivalente a la inspiración del cielo sobre la pregunta planteada.

Busca en el encuentro de los símbolos el número del mensaje que comenta la pregunta. A continuación, mira en qué página se encuentra el mensaje que tiene ese número.

SEGUNDO SIMBOLO

PRIMER SIMBOLO

↓ \ →	S1	S2	S3	S4	S5	S6	S7	S8	S9	S10	S11	S12	S13	S14	S15	S16	S17
S1		1	2	3	4	5	6	7	8	9	91	92	93	94	183	184	185
S2	10		11	12	13	14	15	16	17	18	95	96	97	98	186	187	188
S3	19	20		21	22	23	24	25	26	27	99	100	101	102	189	190	191
S4	28	29	30		31	32	33	34	35	36	103	104	105	106	192	193	194
S5	37	38	39	40		41	42	43	44	45	107	108	109	110	195	196	197
S6	46	47	48	49	50		51	52	53	54	111	112	113	114	198	199	200
S7	55	56	57	58	59	60		61	62	63	115	116	117	118	201	202	203
S8	64	65	66	67	68	69	70		71	72	119	120	121	122	204	205	206
S9	73	74	75	76	77	78	79	80		81	123	124	125	126	207	208	209
S10	82	83	84	85	86	87	88	89	90		127	128	129	130	210	211	212
S11	131	132	133	134	135	136	137	138	139	140		141	142	143	213	214	215
S12	144	145	146	147	148	149	150	151	152	153	154		155	156	216	217	218
S13	157	158	159	160	161	162	163	164	165	166	167	168		169	219	220	221
S14	170	171	172	173	174	175	176	177	178	179	180	181	182		222	223	224
S15	225	226	227	228	229	230	231	232	233	234	235	236	237	238		239	240
S16	241	242	243	244	245	246	247	248	249	250	251	252	253	254	255		256
S17	257	258	259	260	261	262	263	264	265	266	267	268	269	270	271	272	

Este es mi libro, *El libro de la luz.*
En la luz está la sabiduría universal.
Los arquetipos de la profunda vivencia sobre la tierra.
Y no pararás de escribirlo, hasta que mueras.
Será para siempre "nuestro" libro. Estará siempre incompleto.
Faltará siempre una inspiración más, un mensaje más,
una respuesta más. Será siempre incompleto e imperfecto,
tal como la vida en la materia.
Transmitiré inspiraciones profundas y simples,
concretas y místicas. Variaré mi comunicación.
Cada persona que elija los símbolos para buscar respuestas
obtendrá el mensaje que necesita en ese momento determinado.
El movimiento del cielo es perfecto.
Sólo envía al hombre lo que él puede cargar.
Sólo modifica su vida, quien tiene poder
para que su vida sea modificada.
¿Cómo va a funcionar?
Es simple, como todo lo que viene de aquí arriba.
La persona saca dos símbolos.
Según el resultado, recibe una respuesta de luz.
El libro de la luz es mi libro. Es mi voz.
Es la respuesta que ansío daros hace tiempo.

JESÚS

MENSAJES

1

El principio

El principio de la acción divina es la luz.

El principio superior de luz.

Ese es su lugar, en el cielo.

Ese cielo está representado por el canal.

Siempre que el canal esté abierto, significa que todavía está todo bajo control y que la luz aún tiene oportunidad de vencer a las tinieblas.

Ese es el dominio de las cosas.

Cada energía en su sitio, para cumplir la armonización de los opuestos. Siempre que las fuerzas yin dominen el ser, significa que la ascensión podrá darse y que se trata de un asunto espiritual. La ascensión es la meta de todos los seres y una parte de su vida carecerá de cuidados espirituales.

Siempre que haya dominio del yang, significa que la densidad está resurgiendo y que conviene mantener el hilo conductor.

Esta es una explicación provisional. En breve retomaremos el contacto.

JESÚS

2

Flotar

Esta cuestión ya se analizó en el concilio de los dioses, ya estuvo en la reunión de los seres de luz.

Esta cuestión ya ha sido tratada por la energía superior, que está de acuerdo con ella.

El hombre está de acuerdo.

El cielo está de acuerdo.

El hombre obedeció a la voluntad del cielo. Todo está en comunión.

Pero para llevar a cabo esta tarea hay que continuar yendo a buscar inspiración al creador. Toda y cualquier conexión es bienvenida, y todavía necesaria para la conclusión del proyecto.

Hasta aquí, se ha oído al cielo, hasta este punto se ha percibido el deseo de las energías, pero no está completo. Falta más información, falta más inspiración.

De aquí arriba, claro.

Mira las señales. No fuerces las situaciones. Intenta ver para dónde te llevan las aguas.

Flotar. Es importante flotar ahora. Respetar la frecuencia de las ondas, entender el sentido del cielo.

Y cuando todo esté entendido, actuar. Sólo en ese momento, actuar.

Y lo que se haga agradará a todos.

Tú ahí abajo abrirás los caminos.

Y nosotros aquí arriba bendeciremos las acciones.

JESÚS

3
Pérdida

Todas las cosas que ocurren en el Universo tienen un motivo. Los movimientos energéticos cósmicos son perfectos y proponen un avance a través de ganancias y pérdidas, apegos y desapegos.

Siempre que ganas alguna cosa, esta cosa te es dirigida en función de algo que conquistaste en el cielo.

Pero las cosas ganadas son para ser utilizadas, disfrutadas. No para que las personas se apeguen a ellas.

Si tú te apegas a algo, o a alguien, cuando llega la hora de perderlo, no comprendes por qué.

Creías que esa cosa o persona era tuya. Creías que era para siempre.

Si comprendes que todo nos es prestado por la vida, en el momento de perder lo que conquistaste, estarás sereno, pues sabes que otra cosa vendrá para continuar tu evolución.

Si consideras a la cosa o persona como tuya, cuando llegue la hora de la partida te harás la víctima, criticarás a quien crees que te la está quitando y acabarás por entrar en rebeldía.

La rebeldía es la no aceptación del orden natural de las cosas.

Intenta examinar. Intenta comprender el porqué de haber atraído esa pérdida. Si no consigues entender y entras en rebeldía, toda y cualquier acción que hagas estará influida por esa energía de rebeldía.

Y consecuentemente no estará en consonancia con el cielo.

No funcionará.

Intenta entender cuáles son los verdaderos motivos que te llevan a avanzar.

Rebeldía o aceptación.

Un ser que acepta es un ser protegido por el cielo.

JESÚS

4
Inacción

Todo el cielo ya ha hablado. Ya ha dicho lo que quiere, ya ha mostrado lo que ha venido.

Todas las conexiones ya están hechas, las partes ya están unidas.

Ha habido mucha preparación para que esta cuestión pudiera seguir adelante. Ya puede, y refleja la voluntad de la luz.

Pero el ser humano permanece inactivo. No sigue adelante. Tiene miedo, vergüenza, o piensa que todavía ha de venir más información. Se queda esperando las señales.

Todas las señales ya se han dado. Es la hora de actuar.

Y como para todo aquí arriba, también hay un tiempo concreto para todo ahí abajo. Un momento propicio para el florecimiento. Si un hombre no actúa, el momento del florecimiento pasa, y todo pierde su brillo, su tiempo original.

No dejes pasar el tiempo, no tengas miedo. No te quedes parado. Anda, avanza, haz lo que sabes que tiene que ser hecho. Solamente eso.

El cielo ayudará con el resto.

Hay un tiempo para esperar y un tiempo para actuar. Este es el tiempo para actuar.

No lo dejes pasar.

JESÚS

5
Entrega

El hombre espera pacientemente instrucciones del cielo.

La entrega es total. Ya sabe seguir su camino y ya sabe mantener protegido su camino.

El hombre que se entrega completamente al cielo tiene la vida facilitada.

Deja de tener pérdidas, deja de tener que luchar por las cosas. Su vida es un río, donde el agua fluye enérgicamente.

Está comprometido con su misión, la cual consigue cumplir.

El camino ya no tiene secretos, porque ya no hay miedo. Hay fe y entrega, únicamente.

Con las sucesivas encarnaciones, el hombre ha aprendido a dejar de luchar, a fluir.

Cuando todo está bien, avanza.

Cuando algo está mal, entrega.

Y esa entrega es a su luz, a su estrella radiante. Todo está en su lugar.

El hombre fluye, el cielo dirige y los dos siguen el camino en armonía.

JESÚS

6

Propósito

Cuando estuviste aquí arriba, antes de reencarnarte, te fue encomendada una misión.

Todas las almas van a la tierra con una misión. Tener un propósito es parte de la experiencia en la materia.

La supervivencia por sí sola no es un propósito espiritual.

Trabajar con el único objetivo de ganar dinero y acumular riqueza no es un propósito espiritual.

Un propósito, por ejemplo, es la experiencia. Pasar por determinadas experiencias para conocer el ámbito y la extensión de la participación del espíritu en la materia.

Eso es un propósito.

Ocurre que las personas nacen, y la supervivencia pasa a ser el propósito.

En nombre de la supervivencia, se anulan los más altos valores espirituales. En nombre de la supervivencia, se descuida el propósito.

Sin propósito, nada ocurre. Sin propósito o con un propósito consistente nada más que en el retorno material, incluso puede ocurrir algo, pero no se alcanzan los grandes vuelos ceremoniales.

Mira hacia dentro de ti mismo y cuestiona el propósito de esta iniciativa.

¿Para qué sirve? ¿En qué ayuda esto a la humanidad o a las personas que te son más allegadas?

¿Por qué estás haciendo esto? ¿Es por ti, para sentirte más completo, o será que es para tener algún retorno material o afectivo?

Mira hacia dentro de tu corazón, y siente.

Y sabrás la respuesta.

JESÚS

7

Armonía

La tierra está en la tierra, el cielo está en el cielo. Todo tiene un tiempo propicio, todo tiene un modo apropiado.

El hombre recibe, el cielo da.

El hombre comprende lo que hay que hacer, y sólo entonces actúa. No tiene ego, no tiene culpa, no tiene miedo.

La confianza en el cielo es liberadora. La fe ayuda a comprender lo imprevisible. La aceptación lima las asperezas.

Me gusta ver cómo todo se armoniza cuando está en el lugar correcto.

Éxito. Suerte. Inspiración.

El cielo se manifiesta a través de las señales. Tú lo sabes y consigues leerlas. Todo encaja. Todo se justifica. Todo augura buena suerte.

El camino es ese, continúa recorriéndolo.

Serás bendecido.

JESÚS

8
Fluir

Tú estás de acuerdo con el cielo y el cielo está de acuerdo contigo.

Nosotros conseguimos hablar y tú consigues oír. Una disposición de esta naturaleza sólo puede dar buenos y duraderos frutos.

Como el caudal de un río que fluye, pero no quiere definir el camino. Va para donde el designio lo lleve.

Así es tu verdad. Vas para donde eres llevado y eres feliz por eso. Esta actitud es sublime y el cielo lo agradece.

Todo pasará por lo mejor. Por lo que sea mejor para ti.

Sea lo que sea.

JESÚS

9
Distancia

Distante está el tiempo en que las cosas fluían. Había una vez en la historia una persona feliz y con planes en la vida. Ya decía vuestro Profesor Agostinho Da Silva: "No hagas planes para la vida para no estropear los planes que la vida tiene para ti".

Esa es la sensación. Esa es la concordancia.

La felicidad fue hace mucho tiempo y ahora está distante.

No culpes a otros. No culpes al cielo. No nos culpes a nosotros.

La responsabilidad por la tristeza que sientes es enteramente tuya. No existe culpa pero existe responsabilidad. Tú has creado una distancia entre el cielo y la tierra.

No nos oyes hablando en tu vida y por eso piensas que tu actitud está justificada.

Nosotros hablamos en la lluvia que cae, en el sol que brilla.

Pero también en los obstáculos que colocamos delante de ti para que nos mires.

Acorta la distancia. Mira hacia arriba. Aprehéndenos y estaremos eternamente agradecidos.

Nada tiene sentido si el cielo y la tierra no están en comunión.

Jesús

10

Convicción

La convicción en el camino es una de las armas más poderosas del ser espiritual. En cuanto el ser sepa por dónde anda, por qué ocurren las cosas y lo que aprender con ellas, su recorrido va quedando luminoso y radiante.

La convicción de que este es el camino, atrae una energía inconmensurable. Y el camino, a fuerza de ser recorrido con la destreza de un rey, va quedando, también él, con más convicción de su victoria.

La clave es la meditación. Siempre.

La respuesta es la convicción.

Aunque el camino, algunas veces, no aparente armonía, ese caos debe ser utilizado para reengancharse y venir al cielo a buscar más información.

Y la vida será próspera y abundante.

JESÚS

11

Compensación

Toda compensación viene de un miedo fundamental.

Tienes miedo, y como consecuencia compensas.

¿Por qué no enfrentas el miedo? ¿Por qué no vives ese miedo?

Vivir una emoción es permitir que se vaya.

Cada vez que el miedo a vivir una emoción te incite a hacer cualquier otra cosa, está claro que eso no podrá funcionar.

Cada vez que quieras hacer algo porque ese algo te va a traer bienestar y va a sustituir el malestar latente, está claro que esa acción no está de acuerdo con el cielo.

Si estás mal, quédate así. Sufre lo que tienes que sufrir, llora lo que tienes que llorar.

Con seguridad que de ahí vendrá la luz.

Esa ida al fondo de ti mismo será clarificante. En todos los sentidos.

Después de ese chapuzón, al final de todo, te sentirás mejor.

Luego, si aún tienes ganas de hacer algo, si persiste esa llamada, sólo en ese caso, avanza.

JESÚS

12

Hacerse cargo

Hay momentos en nuestra vida en que tenemos que hacernos cargo.

No es en todas los momentos, no es siempre. Pero cuando esto sucede, no hay cómo huir.

Hacerse cargo es acción. Pero no es sólo acción. Es actuar, y provocar que otros actúen también. Es organizar los ejércitos, crear estrategias… y avanzar.

No hay espacio aquí para el corazón, ni para grandes sentimentalismos.

Es sólo hacer lo que hay que hacer.

Ésta es una de las facetas de la materia. Ni todo es exacto, ni todo es definitivo. Normalmente el cielo pide conexión, sentimiento, corazón, intuición.

En raras ocasiones pide reunir ejércitos y atacar porque es la hora. Ya no hay tiempo.

Y ahora… es la hora.

JESÚS

13

Culpa

La culpa es ego.

¿Quién eres tú? ¿Quién eres tú tan importante para juzgarte imprescindible?

¿Quién eres tú para juzgar que el mundo sin ti no rueda, que la vida sin ti no anda?

La culpa es el intento inconsciente del ser de hacerse poderoso e imprescindible.

Quien siente culpa, normalmente está en un sitio haciendo una cosa y piensa que debería estar en otro sitio haciendo otra cosa. Por eso siente culpa. Vive en conflicto permanente. No se relaja ni deja que los demás se relajen.

El culpado sufre, pero tiene una gran tendencia a culpar a otros.

Piensa: "Si yo no puedo hacer lo que me gusta, la persona A o B tampoco. Si yo tengo que cuidar de A o de B, si tengo que hacer lo que no me apetece, el otro también tiene que hacerlo".

¿Por qué esa exigencia contigo?

¿Por qué esa exigencia con otros?

La culpa no te deja vivir, no te deja mirarte a ti mismo.

No te deja evolucionar.

Una cosa es que te culpes por lo que has hecho.

Otra cosa es que te culpes por lo que deberías haber hecho.

Y todavía otra es que te culpes por no hacer todo aquello que otros necesitan.

Piensa así, tal vez te ayude:

Si la persona A o B está sufriendo, está pasando necesidades, ella escogió esta situación, consciente o inconscientemente para, a través de esta lección, a través de la búsqueda de la solución a estos problemas, evolucionar.

Conscientemente, ella quiere o necesita que tú cuides de ella, pero sólo hasta cierto punto. Llega un momento en que tu cuidado extremo le perjudica.

Y tú también tienes tu propia evolución que hacer. Si te culpas eternamente por lo que no has hecho, no cuidas de tu propia evolución.

La conexión es importante. La meditación. Desde aquí arriba vas a ganar distancia, y mirar la vida de otra manera. Vas a comprender que cualquier tipo de dependencia es un tipo de prisión.

Está preso quien depende. Está preso quien se culpa. Ven aquí arriba para sentir la levedad de la libertad.

JESÚS

14

Energía

Ascender significa subir a los cielos. Subir a los cielos en espíritu, permaneciendo el cuerpo en la tierra. ¿Es posible hacer esto en medio de una existencia, cuando todavía se está vivo?

Sí, ciertamente sí. Cuando la conciencia gana gran expansión y recorre el camino hasta el cielo, abre el canal para que la energía baje. La energía baja e invade todo el cuerpo físico. Cambia frecuencias, limpia miserias.

Gana vibración.

Un hombre, ahí abajo, con la energía del cielo, cambia todos los paradigmas. Cambia de vida. Comienza a emitir una nueva frecuencia.

Y esa frecuencia llama a la esencia.

Y esa esencia atrae abundancia.

Ese ser ascendió.

JESÚS

15

Sentir

El hombre está demasiado cerca de la ruptura. Todo se está derrumbando, todo parece desmoronarse.

La mayor emoción es llevar al límite lo que se siente.

Es lo que más duele. Es lo que más parece acercarse al fin.

Sentir, emocionarse hasta la última, hasta las últimas gotas de sangre, de sudor.

Y después de ese tormento, después de aguantar las fustigantes aguas de la emoción —después de que la emoción se vaya a costa de tanto doler— esa sensación de tranquilidad es liberadora.

El ser vive sus emociones hasta el final.

Sufre, llora, no porque se siente atraído por el dolor, sino porque entiende que pasar por eso es la única forma de liberarse de él.

El ser pasa por todas las emociones por las que debe pasar, hace su luto, y sólo entonces levanta la cabeza hacia nuevos caminos.

Ese es el sentido de la pérdida. Parar.

Parar para emocionarse…

Parar para pasar por todas las emociones, para después seguir el camino con la lección aprendida.

Cada lección aprendida, representa una oportunidad más de, en cada bifurcación de la vida, poder escoger tomando como parámetro quien eres verdaderamente.

JESÚS

16

Sueño

No estás siendo práctico.

La experiencia en la materia propone la armonía entre dos contrarios.

Y tú sólo estás inclinándote hacia uno de los lados.

Tú sueñas, y nosotros aquí arriba adoramos los sueños.

Tú anhelas, y nosotros aquí arriba defendemos a quien anhela.

Pero no estás entendiendo que en la tierra hay que conciliar el cielo con la tierra.

Todo sueño tiene que ser sustentando por una base sólida.

Y algunas veces soñar también es una forma de huir. Cuanto más se sueña, más se huye de la realidad.

Y tú estás sólo soñando.

Nosotros, aquí arriba no estamos en contra de soñar. Pero después de soñar, hay que intentar construir en la materia ese sueño, y no sólo continuar soñando.

Acuérdate siempre, el sueño construido en la materia es evolución. El sueño apenas soñado y seguido de un sueño más, es fuga.

¿Qué eliges?

JESÚS

17

Dinero

El dinero es una energía. Y cada persona hace lo que quiere con su energía. Gasta. Gasta bien o gasta mal. Gasta consigo misma o gasta con otros. La energía es tuya y tu libre albedrío es el que impera, diciéndote lo que deberás hacer. Hasta aquí, nos entendemos.

Pero cuando toca ganar esa energía de vuelta, recuperar esa energía, la cosa resulta más complicada.

¿Quieres, necesitas dinero? Está bien, pero razona conmigo.

Cuando compras algo, cuando gastas tu dinero en una cosa determinada, ¿por qué lo haces?

¿Porque te apetece gastar dinero?

Creo que la respuesta es que no.

¿Porque te apetece pasar un cheque y darle ese dinero a tu interlocutor para que tenga una vida mejor?

Me parece que tampoco.

¿Será que es porque esa persona quiere un coche nuevo y necesita de ese dinero para comprarlo? ¿Es por eso que le compras esa determinada cosa?

Creo igualmente que no.

Pues bien. Tú no compras una cosa porque te apetece gastar dinero, ni porque deseas una vida mejor para esa persona y mucho menos porque quieres contribuir a que ella tenga un coche nuevo.

No, definitivamente no me parece que sean estos los motivos.

Tú deseas comprar algo porque ese algo va a contribuir a mejorar tu vida en un aspecto o en muchos, ¿verdad?

¿He acertado?

Pues bien. Piensa conmigo.

No gastas tu dinero para mejorar la vida de otro y, sí porque quieres mejorar tu vida.

Pero, cuando piensas en ganar dinero, inviertes completamente el sistema. Si yo te pregunto hoy, sinceramente, por qué quieres ganar dinero o necesitas hacerlo, naturalmente tu respuesta será:

"Yo necesito ganar dinero porque me apetece tener dinero, porque quiero mejorar mi vida y, quizás, hasta comprarme un coche nuevo".

"El dinero que yo gano no alcanza para lo que necesito y por eso quiero ganar más".

Y esa es la energía que envías al Universo.

En resumen: Jamás gastarías dinero para mejorar la vida de alguien, pero quieres que alguien gaste dinero contigo para mejorar la tuya. Jamás gastarías dinero para ayudar a alguien a comprarse un coche nuevo, pero te gustaría que alguien gastase dinero contigo para que consigas un coche nuevo.

¿No ves que estás deseando que otros hagan una cosa que tú mismo no harías?

¿No ves que no puede funcionar?

Por otro lado, gastarías tu dinero en algo que pudiera contribuir a mejorar tu propia vida. Ahí sí gastas dinero. Los demás también.

Entonces, en vez de concentrarte en ganar dinero, concéntrate antes en:

"¿Qué puedo hacer yo que contribuya a mejorar la vida de las personas en un sentido o en varios?".

Cuando consigas trabajar en una cosa (producto, idea, trabajo, etc.) que tú mismo comprarías porque contribuiría a mejorar tu vida, en ese momento (y siempre que el precio y las condiciones sean justos) ganarás tu dinero.

No te olvides. El dinero es una energía de trueque. Él, por sí sólo, no es nada.

Si simplemente lo quieres, huye. Si tienes una buena contribución para realizar el trueque, él viene.

Olvídate del dinero, concéntrate en lo que puedes contribuir para mejorar la vida de las demás personas (en uno o más sentidos) y no sólo vas a recibir dinero sino que además vas a estar orgulloso de lo que haces y vas a sentirte muy realizado.

Y ahí, tal vez, ya no necesites tanto un coche nuevo.

JESÚS

18

Emoción

La emoción es el motor de arranque de la vida. Un acontecimiento sin emoción no es un acontecimiento. Es solamente la materia moviéndose. Y la materia en movimiento no es nada. Hasta el viento hace que la materia se mueva; no es necesaria la intervención del ser humano.

Necesitamos del ser humano para dar emoción a los sentimientos, para dar alma a las cosas.

Y la emoción que las personas colocan en las cosas o en los acontecimientos libera una energía sin límites. La emoción hace rodar al mundo, hace que las personas rueden en el mundo.

La emoción hace que los niños nazcan, que los proyectos prosperen, que las distancias disminuyan y la vida ocurra.

¿Cuáles son los asuntos que merecen nuestra atención? Los que suscitan una emoción. Estar en un evento sin alma es como ser una piedra a la espera que el tiempo pase. Para morir. Para un día, tal vez, volver a nacer con otra conciencia. Con otro propósito. Con otra emoción.

¿El asunto que tienes entre manos te suscita emoción? ¿Qué tipo de emoción? ¿Qué parte de ti mismo estás colocando en las cosas?

Haz una meditación. Cierra los ojos, respira y pregunta:

"¿Qué parte de mí mismo estoy colocando en este acontecimiento? ¿La mente o el corazón? ¿Está todo esquematizado al detalle, o todo empieza sólo con un inmenso deseo?".

Si la respuesta es la segunda, avanza.

Jesús

19

Apertura

Abre, sobre todo, el corazón. En cada circunstancia de la vida, es cada vez más necesario abrirse.

Abrirse a nuevas posibilidades, dejar de quedarse manifiestamente cerrado dentro de las propias expectativas.

El mundo tiene mucho más para ofrecer que lo que tú imaginas. Pero, para eso, tienes que abrir tu mente y, principalmente, tu corazón.

Abrir para aprender, para recibir más, para dejar de quedarte estancado en las cosas que ya sabes y que siempre has hecho.

Abre. Abre todo. Ábrete al mundo. Abre tu mente, tus capacidades. No te quedes preso en la monotonía con que se hacen las cosas.

Pero, principalmente, abre tu corazón. Él es tu privilegio. Con él detectarás fallos, falsedades o maravillosas oportunidades.

Será tu corazón, a través de tu intuición, quien discierna lo que es o no es para ti.

Y, a partir del momento en que percibas cuál es tu camino en este trayecto, ahí entonces puedes avanzar.

Tu luna iluminará los campos por donde pasas, y los propios campos servirán de almohada a tus vacilaciones.

Ábrete al cielo. Ábrete a la tierra, y entiende que todo, absolutamente todo en el Universo está comprometido con el infinito.

Jesús

20
Salud

La salud está en primer lugar. Y no sólo la salud física. La salud espiritual también es importante.

Por más que quieras hacer las cosas, derrumbar barreras, echar abajo obstáculos, por más que quieras superar tus propios límites, piensa primero:

"Si yo he atraído un cuerpo débil, que puede enfermar en cualquier momento (piensa en esto aunque tu salud sea de hierro), si yo he atraído un físico limitado, es señal que tengo el deber de respetarlo y saber cuándo parar".

Porque, por más difícil que sea saber cuándo actuar, es aún más difícil saber cuándo parar.

Cuando el cuerpo ya no aguanta, cuando el espíritu susurra que ya no puede avanzar, deja de ser testarudo, deja de insistir en cosas que, física o espiritualmente, no vas a conseguir concretar.

Para. Interioriza. Piensa en lo más profundo de ti mismo.

Y quédate, simplemente quédate.

Sin impulsividades y sin ilusiones.

Quédate contigo.

Quédate ahí, hasta que escuches a la vida llamándote nuevamente, para otra serie de batallas, que, por supuesto, se desarrollarán mucho mejor porque tú preparaste las armas.

Jesús

21

Vivencia

Lo que tiene que hacerse, tiene que hacerse. Aquello por lo que tienes que pasar, tienes que pasarlo.

Cada cosa surge en tu vida en un determinado momento para ser vivida, para ser una vivencia.

En el caso de que quieras huir de ella, sólo vas a retrasar el espinoso camino por el que tendrás que pasar obligatoriamente.

Siempre que atraes un acontecimiento, una persona, una situación en tu vida, siempre que ese encuentro se dé (entre ti y aquello con lo que vas a ser confrontado), es porque es la hora de vivir eso al nivel más profundo que seas capaz.

Si no lo deseabas o pensabas que no podías vivir esa situación, te habrías anticipado, habrías hecho otras elecciones que desembocarían en otras situaciones.

Y en ese caso atraerías otras situaciones para vivir. Pero ha sido ésta la situación que has atraído ahora, y ahora es el momento de vivirla.

¿Quieres un consejo?

No huyas. Vive lo que tengas que vivir, aprende con la experiencia, y, sólo entonces, empieza de nuevo.

No dejes de aprovechar esta oportunidad para vivir esta situación hasta el final, hasta el límite. Esta situación es ahora tu gran maestra. Es aquí donde vas a aprender, es aquí donde vas a evolucionar.

Y cuando la tormenta haya pasado, cuando lo que haya que aprender haya sido aprendido, mira al cielo y podrás ver una estrella más que fue ahí colocada en tu homenaje. Y yo seguiré contigo. Protegiéndote dondequiera que vayas.

JESÚS

22

Una buena elección

La esencia es la parte más ínfima de cada uno de nosotros. Nuestra esencia sería la parte más "nuestra" que ponemos en las cosas. En las cosas que hacemos, en las cosas que pensamos. Y principalmente en las cosas que escogemos.

¿Qué significa una buena elección?

Toda la gente está tan preocupada con lo correcto y con lo incorrecto...

Una buena elección es escoger las cosas que coinciden con nuestra esencia... sin pensar en nada más, sin ponderar ninguna condición más. Sin hacer cualquier tipo de análisis.

Sólo así.... y ya está.

La elección hecha en armonía con la esencia es siempre benéfica porque materializa lo que ya somos en espíritu.

Una buena elección puede reflejar lo que tú eres en tu esencia. Y por ahí, sean cuales sean las consecuencias resultantes de ella, estarás evolucionando.

Una mala elección es la que es hecha de acuerdo con un sinnúmero de motivos, pero nunca por la esencia. Está claro que en este caso nosotros aquí arriba no podremos dar protección. Es contra natura.

En cuanto a la pregunta que te ha traído aquí, la respuesta es esta: ¿dónde está tu esencia, tu yo más profundo, tu sentimiento más intenso?

Cierra los ojos, piensa en el asunto que te preocupa y hazte estas preguntas a ti mismo:

"¿Dónde pondría yo hoy mi corazón y mis sentimientos, enteramente?".

¿Dónde colocaría yo mi esencia?".

Si la respuesta es "Aquí", entonces sigue adelante.

JESÚS

23

Abundancia

El camino original es siempre un camino de abundancia. Si hoy no estás en abundancia, significa una de dos cosas:

O no estás en tu camino original, o algo está equivocado en tu recorrido.

Si es ese el caso, para. Medita, elévate. Claramente existe alguna cosa frenando tu comportamiento. No estás actuando conforme a aquello en lo que crees. Estás bloqueado por tus pensamientos y ponderaciones, no estás libre. No estás completamente libre.

Aprende una cosa:

El ego te hace creer en cosas que le convienen. Que te dan menos trabajo. Que no te causan rechazo.

Por está razón se ha inventando el concepto de lo "políticamente correcto".

Cosas que se piensan, en las que se cree y en consonancia con las que se actúa, de tal modo convenientes al sentido común, que no causen rechazo por parte de los demás, o de la propia sociedad.

Y así serás aceptado, y vivirás integrado, preso para siempre.

Preso porque ese "políticamente correcto" no eres tú. Preso porque no consigues pensar, creer y actuar conforme al más auténtico patrón de tu propio yo. Y así, todo deformado energéticamente, continúas andando alegremente en dirección al precipicio.

Claro que sólo puedes atraer pérdida. Claro que sólo puedes atraer restricción.

El camino de la libertad es el camino de la abundancia. Atrévete a ser quien eres. Y la vida te devolverá doblemente el resplandecer de esa audacia.

JESÚS

24
Aceptación

¿Qué hemos venido a hacer a la tierra?

¿Adquirir y acumular bienes materiales? ¿Tener una profesión? ¿Adquirir poder? ¿Estatus?

Nada de eso.

Vinimos a la tierra a procesar las emociones, lo que nos permitirá vivir todo.

Vinimos a la tierra a vivir todo. Cada una de las partes de lo dual. Unas más agradables que otras.

¿Por qué se nos enseña que sufrir es bueno?

¿Es porque debemos sufrir?

No. Es porque aceptamos normalmente todas las situaciones buenas por las que pasamos.

Pero, rechazamos las situaciones menos buenas (las que no podemos modificar) por las que también tenemos que pasar.

En realidad, la gran lección no es que sufrir es bueno, sino que, de la misma forma en que aceptamos vivir la felicidad, también deberíamos aceptar la infelicidad, en igual proporción y medida.

Sólo así, aceptando vivir los dos extremos de un mismo concepto, es cuando podremos dar el asunto por cerrado y pasar a la etapa siguiente.

Acepta, por eso, vivir lo que te está siendo propuesto, sea lo que sea. Si no puedes cambiar el rumbo de los acontecimientos, quédate, no huyas del dolor. No huyas del sufrimiento. Sea lo que sea que te esté siendo propuesto, acéptalo. Vive.

Siente hasta el final. Llora si es necesario.

Sólo así estarás preparado para dar por concluido el asunto y continuar el camino.

Jesús

25

Compromiso

Cuando un hombre hace lo que debe hacerse, eso es un compromiso.

Cuando un hombre afronta sus responsabilidades, no las materiales que sólo lo hacen que se distancie de sí mismo, sino sus responsabilidades espirituales, tales como ser quien es, conocerse lo suficiente como para elegir de acuerdo con lo que es y lo que ha ido a hacer a la tierra, eso es compromiso.

Tu compromiso es conmigo, ente superior de origen sagrado, es con todo el pueblo del cielo, que te protege y guía, pero también es contigo, con tu ser más profundo, que habla de ti para ti, con toda la intimidad del mundo, de sus anhelos y de sus pasiones.

Este es el compromiso.

Has de saber honrarlo, para realizar una buena estancia en la tierra.

Has de saber cumplir cada apartado de este acuerdo previo que hicimos, en el que tú honrarías a la energía pura del cielo estando ahí, en medio de la densidad.

Nunca dejarías de creer.

Nunca dejarías de ser.

Nunca dejarías de elegir siempre según la voz de la intuición, que te dice hoy donde estarás de aquí a un tiempo que ni consigues alcanzar.

Esa voz sabia que te guía durante el viaje, sólo se hace nítida después de sellado el pacto.

Después de aceptado el compromiso.

Estoy esperándote aquí arriba.

Medita.

Vamos a aceptar juntos el compromiso de nunca más en tu vida abrir la boca para decir, o levantar el brazo para hacer, algo diferente de aquello que realmente eres.

JESÚS

26
Plenitud

Plenitud es el arte de vagar por los cielos. Es el arte de dejar vaciar la densidad y subir. Es un arte, tal vez el más sublime de todas las artes. Tal vez los artistas lo debiesen practicar más veces.... o tal vez no.

Siempre la elección, siempre la propia elección.

Plenitud es la capacidad que cada uno crea en sí mismo para aprender a volar. Volar hacia donde la vida lo lleve.

Plenitud es el ser que se completa, la alquimia de la vida. Plenitud es la armonía entre todas las cosas, entre el ego y el instinto, es cuando vence lo dual y se armoniza.

Es cuando se cumple la misión de un día más, sumándose a otros días de misión cumplida.

Plenitud es oír al perro ladrar, al niño llorar, y no salir de ahí dentro, donde permaneces quien eres.

Plenitud es cumplir el mundo como Dios lo hizo.

Es volar en el globo, rumbo al infinito, para llevar noticias frescas al cielo.

"Aquí nos mantenemos, cumpliendo lo que acordamos. Cada uno hace su parte".

Y nosotros lo hacemos.

Cuidamos de que todo vaya bien, para que termine en bien, para que vengas corriendo a ser uno de los nuestros. Plenitud es saber que se volverá a ser un ser de luz un día, y sentirse feliz por poder regresar a casa.

Plenitud es saber que algún día el tiempo acabará, y estar preparados para la quinta jornada.

Todo a su tiempo.

Falta mucho tiempo por venir.

Pero la fiesta ya está siendo preparada.

JESÚS

27
Autoestima

No siempre lo que parece es. No siempre lo que a primera vista nos parece ser lo más apropiado es lo que está siendo preparado para que nuestro espíritu viva ahí abajo, en la materia. Habría que hacerse algunas preguntas:

¿Qué es lo que me mueve?

¿Por qué quiero hacer tal cosa?

¿Por qué me siento solo?

¿Por qué deseo que me acepten? ¿Que me den valor?

Estas y otras preguntas del mismo tipo son apropiadas en este momento.

Nada de lo que otros te puedan dar —atención, aceptación, reconocimiento, valor, estatus—, ninguna de esas atribuciones proporcionadas por otros, fuera de ti mismo, podrán rellenar la gran laguna.

Falta de autoestima.

Y así, vas haciendo cosas para agradar a los que te rodean, en un intento vano de que ellos te ayuden, a través del reconocimiento que te dan, a quererte más a ti mismo, a aumentar la autoestima.

Aprende una cosa de una vez por todas.

Quererte a ti mismo, tener autoestima, no depende de nada que te puedan decir, hacer o proporcionar. No depende de nada que puedas alcanzar o conseguir, no depende de nada que puedas anhelar o perseguir.

Quererte a ti mismo, aumentar tu autoestima, sólo depende de algunas condiciones, pero siempre, siempre de dentro para afuera, y no lo opuesto.

Quererte a ti mismo depende de ser, no de hacer ni de tener.

Y ser es simple.

Significa estar parado, quieto, acceder a lo más interno de tu ser.

Sentir, sentir, sentir e interiorizar con lo que sientes.

Al principio es extraño, pero eso es normal. A fin de cuentas, todavía es un lugar deshabitado por completo.

Pero poco a poco, al parar el pensamiento y acceder, al acceder a ti mismo en el centro del sentimiento, comenzarás a entender, finalmente, lo que es ser.

Ser es sentir. El resto es la fiesta folclórica que el ego hace para distanciarte de lo que eres, de tu interior, que es donde se localiza la esencia.

La autoestima está localizada en el ser.

Todo lo que intentas hacer o tener para encontrarla será un proceso en vano e ineficaz que sólo te traerá desilusión, frustración y duda.

Accede a lo que eres, y este amor incondicional de aquí arriba penetrará en tu vida, como por arte de magia.

Y si ya crees que el cielo es mágico, lo creerás aun más.

Ven a mi encuentro. Ven a tu encuentro.

JESÚS

28

Fuerza

La fuerza del hombre depende de la fuerza del cielo.

El hombre sin nuestra energía no es nada, él debería saber eso. No sirve de nada tirar de la cuerda, siempre se inclinará hacia el lado más fuerte.

Si lo que te estás proponiendo hacer tiene la fuerza del Universo, eso es maravilloso.

Todo irá bien, todo fluirá, todo se deslizará por la corriente.

Parece que anda solo.

Si lo que te propones hacer únicamente tiene tu fuerza...

¿Quién piensas que eres para cargar solo con la oposición del Universo?

El Universo es muy pesado para ser empujado, si él no quiere colaborar.

Pide ayuda al cielo. Y deja que el cielo te ayude.

Para donde vaya el viento, así tú deberás ir.

Si notas que las cosas no andan solas, para por ahí.

No fuerces el futuro. Él ya esta allí, esperándote, y no va a cambiar de camino sólo para agradarte.

JESÚS

29

El camino

Todos los caminos van a dar al mar. Pero el camino de la felicidad es sólo uno, único y especial. La mejor manera de que conozcas tu camino es conectándote con lo más interno de tu ser y descubriendo cómo van las emociones. Cada descubrimiento del camino trae consigo una serenidad y paz interior indescriptibles.

Pero cuando el hombre sigue su propio instinto animal, desea ver realizados sus más altos atributos. Para ser aceptado, para tener poder, para poder realizar más y más.

Todo en favor de un bien exterior. No de un bien individual.

La aceptación por la sociedad nunca debería ser prioritaria a la aceptación por el propio interior.

Todos queremos ser aceptados. Ser aceptado por los demás es muy ventajoso. Pero no lo es más que ser aceptado por sí mismo.

Sea cual sea el camino que se quiera seguir, lo más verdadero es lo más original. Y mientras el camino original no llega, ve recorriendo otros, pero sin certezas, sin convicción. Son apenas recorridos, no son El camino. Cuidado, no confundas esto para que no entorpezcas el rumbo.

El camino original es sólo uno, y entendemos que lo encontramos porque las piernas tiemblan, el corazón late, y la emoción aflora. En ese momento, lo habrás encontrado —el cuerpo explica todo si le prestamos atención.

Hasta entonces, hasta que el cuerpo salte de alegría diciendo "es aquí donde me siento en casa", ve haciendo los recorridos, aprendiendo con cada uno, sin alimentar ilusiones.

JESÚS

30

Insatisfacción

Cuando una persona se siente insatisfecha, la impresión que le queda en el pecho es que algo no va bien. Siempre le queda una duda.

Es un sentimiento de carencia, de que algo no está completo, que es necesario completar lo que falta. Y de este modo tú partes como caballero valiente, en busca de un eslabón perdido y no descansas hasta que lo encuentras. Aunque tardes mil años. Siempre parece que falta algo más y ese sentimiento es ofuscante.

Esa necesidad incesante de plenitud, esa tentativa de estar bien, es lo que hace a esa persona correr, y mientras no consiga cumplir todo lo que piensa que tiene que cumplir, no descansa.

Y es esa agitación la que va provocando más actividad —en el sentido de hacer todo lo que se piensa que debe hacerse— y, consecuentemente, más insatisfacción.

Cuanto más cosas haga la persona para no sentirse insatisfecha, más los demás le exigirán que las haga, pues es la que está siempre disponible para hacerlas. Y esta exigencia va creando cada vez más culpa, más insatisfacción, porque nunca se consigue hacer todo, ¿verdad?

Pero, ¿será que se tiene que hacer todo? ¿Y no será, en cambio, que es el momento de parar, interiorizar y buscar la causa de la insatisfacción?

La plenitud ya no es así. Ella no corre. Ella no huye. Ella no huye de ella misma. Quien está pleno, siente que nada tiene que hacer, porque sabe que para ser no necesita hacer, basta con concentrarse en ser.

Al no pensar en hacer, o no pensar en lo que "se tiene que hacer", al concentrarse simplemente en "estar", provoca inconscientemente que los demás hagan lo que se tiene que hacer, quedando así libre de exigencias, quedándose libre de culpa.

En resumen: cuanto más te concentres en ser, sabiendo que para ser no necesitas hacer, menos te exigirán las personas que hagas, menos culpa sentirás, y podrás continuar concentrándote en ser, que es lo que más necesitas ahora.

En este momento, la culpa y la urgencia son devastadoras. Ejercita el desprendimiento, retira los vínculos de la materia y simplemente sé.

Y vas a ver que el mundo caerá a tus pies.

JESÚS

31

Pasión

Celebra el mar, como un saber mío. Vivir cada momento de tu pasión. Sea cual sea. La pasión no tiene nombre.

Sea lo que sea que te guste hacer, que te apasione, hazlo.

Hazlo con toda la atención que puedas. Hazlo apasionadamente, con la misma emoción con la que te entregas cuando lo que haces vale la pena.

Cuando ves a un hombre cuidando del mar para que permanezca inmaculado y no haga más víctimas, cuando ves a ese hombre entregándose, ves que él no está jugando. Él no descuida. Él vive la vida y es ahí que consume su más profunda pasión.

Ahora, tú.

Haz una cosa apasionadamente.

Dedícate a algo en la vida con tu alma, aunque sea de las tareas más simples. Sea lo que sea, escoge una cosa. Como aquel hombre escogió cuidar del mar.

Escoge una cosa y coloca en ella toda tu capacidad de ser. Coloca tu infinito. Hazlo eterno. Coloca esa fuerza invisible que sale de dentro de ti y que podemos llamar Vida. Coloca todo eso en esa acción.

Escoge la acción y entrégate.

En ese minuto, en ese tiempo propicio es cuando tu alma es una. En ese preciso momento, tú eres.

Él es porque cuida del mar. Cuidar del mar le ayuda a ser quien es.

Esa elección y esa acción definen su ser.

Como tú estás siendo en este momento.

Jesús

32

Rechazo

Voy a decirte un secreto.

Todas las personas tienen el karma del rechazo.

Dentro del ámbito de los karmas, el del rechazo es el más común.

Hoy en día, es uno de los karmas principales de la mayor parte de las personas. O, mejor dicho, de todas las personas.

Todas las personas que nacen hoy, vienen a vivir ese karma. Vivir y superarlo, si es posible.

Pero no es así que ocurre. Ni siempre lo superan.

Si no, veamos.

Piensa en casi la totalidad de las personas hoy en día.

Hacen todo para corresponder a las expectativas que existen en relación con ellas.

Si piensan que lo que los otros esperan de ellas es fuerza, esas personas se harán las fuertes en todas las ocasiones.

Ellas no son fuertes. Ellas se hacen las fuertes, en el fondo, para agradar a los demás.

¿Y por qué esa necesidad de agradar a los demás?

Para no ser rechazadas, naturalmente.

Karma de rechazo.

Una persona hace todo para no ser rechazada.

Es por eso que intenta corresponder a las expectativas que tienen en relación con ella.

Ahora imagina que una persona decidiese vivir el hecho de ser rechazada. Y al vivir esa situación, parase de agradar a otros o de intentar corresponder a las expectativas que tuviesen en relación con ella.

Imagina que esa persona decidiese asumir quien es, no corresponder a ninguna expectativa, y apenas ser.

Ser en su mayor plenitud.

¿Qué ocurriría entonces?

Sola, abandonada por todos, finalmente se miraría a sí misma y comprendería el miedo, el inmenso miedo que vive en su pecho.

Es ese miedo el que ha venido a limpiarse. Esa es la misión. Limpiar ese miedo para finalmente poder limpiar el karma del rechazo.

Aceptar ser rechazado, sentir, sentir profundamente el dolor de no ser querido por los demás, de que no nos acepten, sentir ese dolor y limpiarlo, limpiarlo cada vez que venga.

Después, despacito, después de que esa oscuridad haya pasado, ver resurgir imponente al ser, un ser humano con inmenso amor para dar a todos.

No aquel amor de quien sólo intenta corresponder a las expectativas para ser aceptado, sino un amor libre, profundo e incondicional de quien se encontró con su alma para toda la eternidad.

JESÚS

33

Dilución

¿Qué es un proceso espiritual?

¿Qué es hacer un proceso?

Hacer un proceso espiritual es dejarse diluir en las aguas.

La dilución es una dirección poderosa del alma.

El alma se diluye en el Universo.

Se diluye en la energía.

Y esa dilución en el todo es lo que hace que el alma sea parte del todo, parte del Universo.

Es en ese diluir que vive el secreto de la comunión.

El ser humano, tal y como está, tal y como vive en esa energía densa ahí abajo, no está mínimamente preparado para diluirse.

Él piensa que es materia, no sabe que es energía.

Si él supiese que es energía, siendo la materia un mero envoltorio que sirve para cargar las limitaciones físicas que atrajo para poder trabajar sus debilidades…

Si él supiese que su parte energética es su parte más poderosa…

Si él supiese que sólo diluyéndose como físico, sólo diluyéndose como espíritu, podrá encontrar la dimensión del alma y podrá finalmente fundirse.…

Si él supiese que el acuerdo que firmó antes de encarnar trae consigo el deber de diluirse en energía para hacer mejor la fusión que le devolverá la unidad…

Si el supiera…

¿Y cómo hacer para diluirse? ¿Para conseguir quedarse en la frecuencia del alma?

Es fácil:

Diluir es dejar que cada cosa ocurra cuando tiene que ocurrir.

Es saber que todo en el Universo tiene un tiempo propicio, y que las personas no deberían bloquear lo que está por ocurrir.

Por ejemplo, si alguien a quien quieres te hace mal, debes llorar. Llorar de tristeza. Llorar de tristeza por haber atraído a alguien así, que es tan infeliz hasta el punto de hacer daño a quien le desea el bien. Sólo eso.

Sólo así te diluirás en la propia emoción que sientes y nunca, pero nunca, bloquees un dolor.

Poco a poco te vas habituando a la idea de que la vida trae emociones alegres y tristes, fluyendo todo si no dejas escapar nada.

Sentir, sentir, sentir.

Pero las personas no hacen esto. No se diluyen en emociones adversas.

Las personas se enfadan, se quedan con rabia, culpan a las otras, se endurecen, y continúan sus vidas con un nudo en el pecho, provocado por las emociones que se negaron a aceptar.

Como yo siempre digo, no es necesario aceptar el hecho de que nos hagan mal, pero es necesario aceptar vivir la emoción que ese acontecimiento trae.

Y así van viviendo, vida tras vida, sin aceptar sentir, sin aceptar vivir, sin nunca diluir.

Y al vivir así, el ser nunca entra en la dimensión del alma.

Y el ser nunca conseguirá liberarse de la materia.

Y nunca ascenderá.

JESÚS

34

Simpatía

La simpatía es un registro de un plano sagrado. La simpatía es emanar en dirección al otro la energía de la aceptación.

Todo lo que es aceptado se transforma en energía positiva.

Cada vez que una energía densa recibe aceptación, se disuelve, se desplaza.

A partir de ahí, todo el tormento se seca, quedando solamente la paz.

La rebeldía es energía sin aceptación, energía con aceptación es paz.

En cada acontecimiento de tu vida, en cada contratiempo, piensa: ¿dónde no estoy vibrando por la aceptación? ¿Qué es lo que me hace falta aceptar?

¿Qué es lo que me falta transformar?

Quien no acepta es el ego.

Y a partir del momento en que la energía es transmutada, el corazón se abre, recibiendo tanto amor, que necesitarás, inevitablemente, distribuirlo entre tus hermanos.

Eso es a lo que ahí abajo se le llama simpatía.

Una persona leve, que ya ha aceptado sus limitaciones, ya ha llorado sus lutos, ya se ha abierto a los cielos, ya ha recibido el amor y ahora emana.

Apenas emana.

Tratando a cada persona que se cruza en su camino como un alma.

Y cuando las almas andan de manos dadas, es más fácil recorrer el camino.

JESÚS

35

Evolución

El verdadero sentido de la evolución no está en la tristeza.

No está en el sufrimiento, ni en la alegría, ni en la abundancia, ni en la restricción.

El verdadero sentido de la evolución no está en ninguna descripción simplista de las emociones humanas.

El verdadero sentido de la evolución está en la evolución en sí.

Y como la evolución no tiene forma, no tiene verbo, no existe con formato cerrado de materia, no es percibida por la mayor parte de las personas… el verdadero sentido de la evolución es lo que es y es cuando es.

No la podemos delimitar en un espacio de tiempo, ni en una apertura de concepto.

No la podemos calificar de lo que quiera que sea.

Lo que podemos es, eso sí, definir conceptos que deberán ser trabajados para alcanzar el verdadero sentido de la evolución.

Y esos conceptos a trabajar tienen nombre, pueden medirse, pueden ser verbalizados y son muy reales.

La tristeza es uno de ellos. Siempre que yo me encuentre verdaderamente triste, he encontrado un concepto a ser trabajado.

¿Y por qué la tristeza?

Porque la rabia no puede ser trabajada en el sentido de alcanzar la evolución. La tristeza sí.

El odio no puede ser trabajado en el sentido de alcanzar la evolución. La tristeza sí.

La culpa no puede ser trabajada en el sentido de alcanzar la evolución. La tristeza sí.

Entonces, ¿qué es lo que tienes que hacer? Transformar todo en tristeza.

La rabia normalmente está dirigida a una persona o a una cosa.

Si comprendieses que nadie te hace nada, que todo lo que ocurre en tu vida es de tu entera responsabilidad y, en última instancia, que eres tú quien atraes cada una de las experiencias de tu vida para entrar en contacto con la tristeza que ella te provoca, y así poder deshacer el bloqueo emocional que traes de otras vidas y que vulgarmente es llamado karma...

Si entiendes estas leyes fundamentales, entenderás que tanto la rabia como el odio, así como la culpa, son emociones básicas que solemos enfocar en el otro para no tener que encarar nuestra propia tristeza.

A partir de ahí, de esa conciencia, transformas la rabia, el odio y la culpa en tristeza pura. Pura tristeza, nada más.

Ahí sí, empezaste a alcanzar el verdadero sentido de la evolución.

La tristeza pura es mágica, es alquímica, cambia la vida y cambia a las personas.

La tristeza toca en el fondo del nudo kármico, y lo libera.

La tristeza pura, la que ya se liberó de la rabia, del miedo, de la violencia, de la densidad, esa pureza de sentimiento que es la tristeza, es lo que realmente libera. Después de la tristeza, todo parece diferente.

Después de que una persona viva el mayor dolor que puede soportar, ella está libre. Nunca más tendrá miedo al dolor. Nunca más sentirá rabia, pues la rabia es una forma de huir del dolor que provoca la tristeza.

Nunca más tendrá odio, pues el odio es una forma de huir de la tristeza.

Nunca más tendrá miedo, culpa, envidia, soledad, ansiedad.

Nunca más tendrá nada, a no ser tristeza.

Y, por la teoría de los opuestos, después de la restricción, si ésta fue convenientemente vivida, viene la abundancia.

Después de la tristeza viene la paz, la alegría, la felicidad.

Aprende.

No tienes que correr detrás de la tristeza. Sé alegre siempre que puedas.

Pero si tu pecho está herido, dolorido, si tienes una presión, un simple rasguño, ahí entonces para todo.

Y sea cual sea la forma que ese dolor toma —porque, para defenderte del dolor, tu ego te va a hacer creer que los otros son los que te han hecho mal, o, en última instancia, que tú eres quien te has hecho mal a ti mismo—, vívelo.

En ese momento para todo.

Quédate solo con tu tristeza. Olvídate de los demás, olvídate de lo que tú o ellos deberían haber hecho.

Quédate triste.

Quédate triste.

Al sentir tristeza aceptas la liberación, aceptas el dolor, aceptas la vida como es.

Aceptas la realidad.

Aceptas la evolución.

Jesús

36
Luz

Nosotros no podemos ver sólo lo que queremos. No podemos vivir en la ilusión.

Tenemos que ver la realidad. Ver lo que es.

Por eso es que a mi me gustan las personas que, cuando oran, piden "Dame luz".

Ilumíname para que yo pueda ver lo que es, sin vacilaciones.

Dame luz.

La misma luz donde viven los ángeles,

La misma luz que ilumina los caminos,

La luz que transforma a los hombres

Y los hace personas especiales.

Dame luz.

La misma luz que me quita la extrañeza

y que me devuelve mi propia naturaleza.

La misma luz que ilumina mis pasos

y que me devuelve un sentido de la vida, de dirección.

La misma luz que al final del túnel

abre un campo abierto de posibilidades,

un universo de oportunidades.

La misma luz del color de la paz, del color de un pueblo

que vive en el cielo,

y que hace que mi vida en la tierra

tenga más significado.

Cuando estés triste, piensa que te falta luz. Di esta oración con el pecho abierto, para que la luz pueda entrar y modificar tu vida.

JESÚS

37

Comunicación

¿Qué es lo más importante para ti?

¿Decir lo que tienes que decir o hacer que el otro comprenda lo que quieres decir?

¿Exponer únicamente tu opinión, desnuda y cruda, sin preocuparte por el hecho de poder hacer daño a otros? Piensa bien:

Cuando únicamente "disparas" tus convicciones, no estás teniendo en cuenta que los demás, por el hecho de quedarse heridos, se defienden, se cierran, y simplemente no te van a oír o comprender.

Yo siempre digo que nosotros tenemos que ser quienes somos. Sin desvíos o cesiones.

Pero para que una persona sea quien es, deberá hacerse comprender por los demás.

Para no generar más incomprensión, intolerancia y violencia a su alrededor.

Pues bien. El desafió es:

Sé quien tú eres, con el corazón.

Después utiliza tu mente para conseguir comunicar eso a los demás de forma que ellos lo comprendan y acepten.

Si ellos lo comprenden, fenomenal, más fácil será ser quien eres.

Si ellos no lo comprenden, a pesar de tus esfuerzos, a pesar de tu diplomacia...

Si aun así ellos insisten en que desean que tú seas como ellos quieren...

Ahí entonces es la hora de dar un golpe en la mesa y mostrar que no vas a prescindir de seguir el camino que tu alma te muestra todos los días.

Jesús

38

Querer

¿Te has dado cuenta de que la mayor parte de las personas están siempre "queriendo" algo?

"Lo que me venía muy bien ahora era encontrar una casa de esta y de aquella manera".

"Lo que yo quería era hacer esto y aquello, así y asado...".

Y cuando las cosas no suceden, las personas aún ponen más fuerza en ese "querer" —"Yo quería tanto...".

Creen píamente en la expresión "querer es poder", y "quieren" de una forma violenta y radical.

Y yo pregunto:

Si "querer es poder" ¿por qué es que lo que ellas "quieren tanto" no sucede? ¿Por qué es que esas personas no paran sólo por un poquito, de modo que intenten comprender por qué es que las cosas no les suceden?

Es simple. Ellas quieren que algo les suceda porque están extremamente incómodas con su situación actual.

Entonces el ego "traza" un plan: si me sucede tal cosa, salgo de este malestar. Y ya está. Está delineada la estrategia. A partir de ahora, sólo hay que "querer" con mucha fuerza.

¿Y si yo te digo que el Universo envió esa experiencia de incomodidad para ser vivida, y no para huir de ella?

¿Y si yo te digo que, en cuanto no se viva, no se deje doler, no se llore si es necesario, el dolor de la incomodidad no se disuelve y la situación no se deshace?

¿Y si yo te digo que en cuanto no se acepte el malestar, la solución nunca vendrá?

¿Y si yo te digo todavía que, aunque se acepte vivir la incomodidad, luego, lo que venga después, puede no ser nada de lo que la persona esperaría?

Piensa en eso.

JESÚS

39

Perdón

Falta perdonar.

Lo que falta es perdonar.

Pero perdonar no es poco, perdonar es lo esencial, es lo incómodo, lo difícil, lo invencible.

Para perdonar hay que entender.

Para perdonar hay que comprender todos los lados.

Y hay que perdonar todos los lados.

Nadie perdona a otro si no se perdona a sí mismo.

Y nadie se perdona a sí mismo si no siente que ha sido perdonado por mí; sólo una persona que tiene acceso a ese sentimiento tan poderoso, tan liberador, como el de ser perdonado, sólo una persona que, a través del cielo, se libera de su culpa, sólo esa persona podrá perdonarse y consecuentemente perdonar a alguien.

Todo el resto son fantasías.

Puedes creer que perdonaste. Puedes actuar como quien ha perdonado. Puedes hasta decir, verbalizar, que perdonaste, pero si no te has liberado de tu propia culpa a través del perdón del cielo, si no te has perdonado por todo, todo, todo, si no has entendido que todo lo que te han hecho o que tú has hecho forma parte del plan…

…del plan inteligente y sagrado del que tu vida está compuesta…

Si todos estos factores no encajan, ¿cómo puedes perdonar a alguien?

¿Cómo puedes aliviarlo de su propia culpa?

Un ser que perdona, que sabe venir aquí arriba a recibir el perdón del cielo… que no está siempre autorestringiéndose por creer que no lo merece o que no lo puede recibir, que consigue sentir en lo más profundo de su corazón esta energía del amor incondicional, del "Te amo por todo lo que eres, amo todo lo que hiciste y lo que te hicieron. Amo tu alma…."

Ese ser que consigue llegar a ese estado de evolución, sabrá amar el alma del otro, sabrá perdonarlo y amarlo incondicionalmente por lo que él es.

Principalmente por lo que él escogió ser.

Porque sólo puedes perdonar a alguien cuando escoges amar lo que la persona escogió para sí.

Sin juicios.

Como ves, perdonar no es el inicio del proceso.

Perdonar es el fin.

JESÚS

40

Llanto

El llanto es la concientización de la incapacidad. Es la liberación de las defensas. Es la aceptación de la impotencia.

Al llorar, estás aceptando que no puedes, estás aceptando que tal vez lo que quieres no sea para ti. O, por lo menos, que no sea para ti ahora.

El ego quiere. Quiere que las cosas sean como deseas, quiere que tengas las cosas, quiere que las cosas ocurran de determinada manera, y en el tiempo deseado. En el fondo, el ego busca la comodidad.

El alma, no. El alma sabe que, en cada momento en que las cosas ocurren de la forma que deseamos, estamos ganando más defensas, estamos fortaleciendo nuestra densidad y estamos perdiendo conexión.

Puede hasta ocurrir todo conforme deseamos. Pero es porque "tiene" que ocurrir, porque es para nosotros y porque su tiempo espiritual es correcto.

Si es así, fenomenal. Significa que tu deseo está conectado con tu alma y con la precisión del Universo.

Pero si no es así, si proyectas deseos que no se realizan, necesitas apenas hacer tres cosas:

1. Entender que lo que quieres no está en el tiempo espiritual de ocurrir;

2. Entender que quieres algo para escapar de alguna incomodidad interior;

3. Llorar la incomodidad interior para liberarlo.

Si consigues ejecutar estas tres fases, valió la pena la experiencia. Valió la pena la pérdida.

Como bien sabes, limpiar un karma es dar significado al sufrimiento. Entender para qué ha servido la pérdida. Con este proceso que te he explicado, al ejecutar las tres fases, vas limpiando karma.

Toda la conciencia que ganas al llorar será fortalecida.

Toda la conciencia se fortalece con la conexión a la emoción.

Llora.

Pero no llores de rebeldía, porque querías que las cosas hubieran ocurrido "así".

Si no ocurrieron es porque no tenían que ocurrir.

Llora antes por pena de que no hayan ocurrido. De que no sean para ti ahora.

No llores haciéndote la víctima, porque son todos malos o porque te han hecho mal.

Nadie te hace mal. Atraemos todo lo que nos ocurre. Sólo necesitas entender lo que estás emanando para poder entender por qué razón estás atrayendo esto.

Llora antes por estar emanando densidad, desagrado, furia o rebeldía. O por estar apenas emanando una energía que no es tuya.

Sólamente llora. Llorar no es atraer energías negativas, como muchas personas piensan. Llorar es echar fuera la energía negativa que está dentro de tu pecho. Tal vez esté ahí hace siglos, tal vez sea hoy la gran oportunidad de salir.

Llora.

Y sé feliz.

JESÚS

41

Dimensión espiritual

Todas las personas tienen una dimensión oculta. Una dimensión escondida, una dimensión sumergida.

Un lugar profundo donde sólo entra quien esté convencido de su existencia cósmica.

Donde sólo entra quien esté atento, frágil, sin defensas.

Sólo entra quien esté interesado en sentir, con todos los riesgos inherentes a quien lidia con sus propias emociones; sólo quien acepte lo desconocido; sólo quien acepte el dolor en su magnitud, tal y como acepta la luz en su trascendencia; sólo quien acepte la dualidad absoluta; sólo quien comprenda que el bien y el mal son parte de la misma circunferencia y cuando el dolor viene no se queda llamando por días de felicidad.

Estos vendrán cuando el dolor esté sobrepasado.

Todos los hombres tienen una dimensión espiritual. Para acceder a ella, hay que limpiar los pensamientos, poner música, y Ser. Sólo Ser.

Quedarse ahí, oyendo arte y vibrando por la base de todo. El Ser.

Sin pensar, sin sentir. Sólo Ser.

Y ha de abrirse un portal magnético hacia un mundo nuevo de percepciones. Quedarse en ese mundo. Quedarse ahí, construyendo, consolidando y fortaleciendo esa vibración.

Y cada día, será más fácil acceder, retirar los pensamientos y tan sólo vibrar.

Sólo Ser.

Y éste es sólo el principio.

Jesús

42

Amor incondicional

Hoy vamos a hablar del amor incondicional.

Es el amor prohibido. Es el amor que todos anhelan, que todos quieren tocar.

Es el amor que no mira a credos, comportamientos; que no mira el estatus, religiones, condicionalismos, condiciones.

Es el amor total. El amor sin miedo, sin juicios. Sin memoria ni venganza.

Es el amor absoluto.

Aquel que ama sin más. Ama por amar. Ama sin condiciones.

Seas tú lo que seas, hagas tú lo que hagas, atraigas las consecuencias que atraigas, vivas la vida que vivas, yo estaré siempre aquí.

Siempre preparado, siempre entero, a amarte como eres.

Como escogiste ser esta vez, en esta vida.

No coloco condiciones, no pongo trabas. Sólo amo.

Y esa es mi manera de protegerte, de orientarte, de comprenderte y de iluminarte.

La vida te va a enseñar. Yo voy a amarte. Y la vida y yo, nosotros dos nos complementamos en la orientación de tu paso por la tierra.

Abre tu corazón. Deja que mi amor entre. Sólo cuando recibas mi amor incondicional, sólo cuando te sientas protegido por el cielo, sólo en ese momento podrás emanar amor. Emanar amor para ti mismo —lo que naturalmente ayudará a que te perdones y te aceptes como realmente eres—, emanar amor para otros —lo que traerá más amor como consecuencia—, emanar amor para la tierra y los animales —lo que prolongará la estancia del ser humano en el mundo.

Abre tu corazón. Conéctate con lo que sientes.

Para un poco de pensar, de correr, de volar sin saber para dónde ni por qué.

Para. Mira a tu corazón y ábrelo.

Y déjame entrar. Despacito, poco a poco. Déjame entrar y déjame permanecer ahí.

Y vas a ver que todo se hace claro. Todo se transforma en luz.

Y yo paso a tener un motivo más para estar aquí. Ese motivo eres tú.

Jesús

43

Restricción y abundancia

La naturaleza es abundante.

Hay mucha agua, muchos árboles, muchas flores y muchos frutos.

Hay muchos peces, muchas especies, muchos humanos y mucha tierra.

La tierra es inmensa, y si los recursos fueran utilizados correctamente, da para todos.

Todos pueden tener todo, literalmente.

¿Y por qué no lo tienen?

Es difícil de entender esto, pero la verdad es que el ser humano no tiene aquello de lo que precisa porque vibra por la restricción.

Para simplificar, voy a explicarte lo siguiente:

El ser humano no tiene porque tiene miedo a no tener.

Parece irónico, ¿verdad? Pero es cierto.

Incluso los hombres con más poder tienen miedo a perderlo. Entonces se agarran a él de tal forma, que desvirtúan su propósito inicial.

Incluso los hombres que tienen los mayores bienes, en cuanto los alcanzan, cambian de vibración. Pasan a tener miedo a perderlos. Hasta pueden morir ricos, pero aquel miedo en el pecho, aquella inseguridad, va minando las células emocionales. Mueren ricos. Pero asustados. Pasan la vida entera angustiados.

Intentan mantener. Mantener es más difícil que alcanzar.

¿Y quien no tiene nada?

Quiere tener. Lucha, combate, humilla, emite energía de restricción.

Quien no tiene, quiere tener.

Quien tiene, quiere mantener.

Restricción pura.

En nombre de esto, hombres luchan contra hombres, hombres maltratan a hombres, hombres humillan a hombres.

Restricción pura.

La vida es un himno a la Naturaleza. La vida es un homenaje a la propia vida.

Tienes que saber que nada es tuyo, que todo lo que la vida te presta es para ser vivido, aprovechado, disfrutado hasta la última gota, ya sea bueno o malo.

No querer llegar a ningún lado, querer apenas estar, ser, si es posible, feliz, y si no, procesar todos los dolores para que desaparezcan deprisa y un nuevo día surja.

No huir de los dolores, no. Llorarlos, hacer el luto cada día, de cada cosa, y sólo después seguir adelante.

No dejar nada para sentir después. No dejar nada atrás.

El pecho se va limpiando.

El corazón se va tranquilizando.

Las emociones se van esclareciendo.

Las lágrimas, después de salir, dan lugar a una sonrisa duradera.

Dejar de vibrar por la restricción es saber que el día de hoy es único y nunca más va a volver. Y el día de hoy es siempre una gran oportunidad de vivir.

Y si es bien vivido, el mañana será todavía mejor.

JESÚS

44

Arriesgar

Miedo a equivocarse. Ese es el problema. Todas las personas tienen miedo a equivocarse. Y en nombre de ese miedo no arriesgan, no crecen, no vuelan.

Aunque te equivoques, al arriesgar aprendes, desbloqueas y ganas autoconfianza.

Y si te equivocas, cuentas las armas, te quedas triste, cuidas de los heridos y haces tu luto.

Equivocarse también es aprender. Equivocarse ayuda a crecer.

¿Duele? Está claro que duele. A nadie le gusta fallar. Pero si, en nombre de no fallar, nadie arriesgase, ¿cómo estaría el mundo?

Si los conquistadores hubieran tenido miedo del mar, de las desventuras marinas, de las tormentas y de los monstruos, ¿cómo sería hoy el mundo? Media docena de países y nada más.

Arriesga. Arriesga, pero en ese riesgo coloca tu corazón.

Arriesga por amor.

No arriesgues porque vas a ganar más, porque vas a recibir esto o aquello.

Arriesga porque tu alma suplica que avances, porque tu intuición dice energéticamente que sí.

Arriesga, y ve en busca del mundo nuevo, sólo disponible para aquellos que creen píamente que pueden volar.

JESÚS

45

Libertad

La libertad es mágica. La libertad te da aquella sensación de que hiciste lo que tenía que hacerse, de que estás donde tienes que estar y de que todo está en su lugar.

La libertad no es un sitio. No tienes que ir a ningún lado. No tienes que hacer nada para ser libre.

Libertad es tener conciencia de que la vida es tuya y sólo tuya, y que por eso tienes que vivirla y ser quien eres, sin concesiones.

Está claro que los demás también podrán ser tenidos en cuenta. Pero con límites. Hay personas que viven enteramente para otros.

Todo lo que hacen, lo hacen en nombre de otros, Son, en nombre de otros.

Sus vidas están hechas de concesiones constantes.

Se esfuerzan por ser lo que los demás esperan de ellas.

Y después, como la presión es tremenda, buscan la libertad desesperadamente en un intento vano de encontrarse.

Buscan la libertad huyendo de sí mismas, siempre fuera de ellas.

Parten en busca de la libertad.

Yo no voy a ningún lado para ser libre.

Lo máximo que puedo hacer es ir por ser libre.

Primero eres libre, dentro, después podrás hacer lo que quieras, pues todo lo que hagas invariablemente reflejará quien tú ya eres.

¿Y qué es la libertad interior?

Vive cada emoción por más ínfima que ella pueda parecer.

Siente quien eres y en ese aspecto no hagas concesiones.

Siente, siente y siente. Ese sentir te traerá información espiritual valiosa acerca de quien eres y de lo que has venido a hacer a la tierra.

Siente, abre tu corazón y comienza a escuchar a tu intuición.

Y sólo entonces, actúa.

Encontrará en ese camino la forma más fabulosa de ser libre.

JESÚS

46

La alegría de la liberación

El miedo inmoviliza. El miedo frena. No te deja avanzar.

Por más que la persona quiera, simplemente no puede.

El miedo limita. Y el miedo es grande. Gigante.

Invade todo. Destruye. A cada deseo de avanzar viene el miedo.

Ese maldito miedo. Y todo se para. Y todo se bloquea.

Y la persona empieza a actuar en función del miedo. Como tiene miedo de ir para aquí, va para allí. Como tiene miedo de hacer esto, hace aquello.

Se sale de su camino original. Y la vida empieza a bloquearse.

Y nada parece ir bien. Nada fluye. Parece que el tiempo paró. Parece que todo pierde el sentido.

Una vida vivida fuera de su camino original es desprovista de sentido.

¿Y qué hacer, ahora? ¿Qué hacer para desbloquearse? ¿Qué hacer para liberarse?

Sólo hay una respuesta y es simple: deja que el miedo venga. Deja que el miedo crezca en tu pecho. Deja que invada todo, que se haga enorme, gigantesco.

Cuando esté grande, grande, pide un tubo de luz y empieza la limpieza. El tubo absorbe el miedo, despacio, va absorbiendo, se va llevando esa inmensidad de densidad kármica.

Es difícil, yo lo sé. Pero es más difícil vivir con el miedo. Vivir del miedo.

Y poco a poco, ese monstruo va a empezar a irse.

Las nubes se marchan para que el sol pueda volver.

Y poco a poco, vas a sentir una calma, una tranquilidad, una bonanza.

Y en ese momento es cuando vas a entender dónde has estado, invadido por el miedo, tan lejos de la luz.

Entonces vas a entender que es posible cambiar las cosas, vas a entender que hay otra vida para ser vivida, más tranquila, más feliz, más leve.

Y, fundamentalmente, más pura y más iluminada.

Vas a entender en ese momento la alegría de la liberación.

Y vas a estar de acuerdo conmigo en que la vida es un regalo, y que vivir vale la pena de verdad.

JESÚS

47

El don

Siempre que el Universo te propone una pérdida, sea cual sea, una pérdida económica, una pérdida material, una pérdida física o emocional, siempre que el Universo te propone una pérdida, sólo te está proponiendo una cosa: conexión.

Conexión con el cielo, en el sentido de comprender el motivo por el cual tuviste que atraer esa pérdida, qué tipo de energía estás emanando para que la consecuencia sea una pérdida.

En segundo lugar, conexión con tus emociones. Espiritualmente, una pérdida significa sufrimiento, y no revuelta.

Espiritualmente, cuando atraes una pérdida, la única cosa que deberás hacer es llorarla. Hacer el luto de esa pérdida. Dejarla ir. Con sufrimiento, con dolor.

El dolor del desapego te dejará más sensible, pero conectado con tus emociones.

Te dejará frágil y algo nervioso, con las emociones a flor de piel.

Te dejará con la sensibilidad agudizada al máximo.

Y tener la sensibilidad agudizada es tener el don.

En resumen: cuando atraes una pérdida es para quedarte más sensible, más frágil, más intuitivo y para que ejercites el don.

Con esto podemos deducir lo siguiente: si el Universo sólo rearmoniza lo que no está armonizado y si cuando envía una pérdida es para dejarte más sensible, quiere decir que lo que estabas emanando era lo opuesto.

Probablemente estabas emanando la desconexión absoluta, la defensa, la racionalización y la necesidad de ser fuerte. Todo cosas contrarias al ser espiritual.

Una sugerencia:

Si consigues mantenerte sensible y frágil, intuitivo y conectado, si consigues conservar el don, el Universo no necesitará rearmonizar nada más y no te enviará más pérdidas de ningún tipo.

¿Quieres intentarlo?

JESÚS

48

Dentro y fuera

Sólo hay dos maneras de vivir. Conectado o desconectado.

Conectado, en conexión profunda con quien se es, con lo que se ha venido a hacer aquí, con las más diversas maneras de exteriorizar el Ser.

Esto porque para exteriorizar el Ser, antes hay que Ser. Y para Ser, es preciso interiorizar todo. Lo que se siente, lo que duele, lo que nos hace felices e infelices, donde está nuestra libertad y conciencia, lo que nos maltrata, lo que nos hace mal, y también lo que nos hace bien y que nos eleva.

Como ves, todo pasa dentro.

Todo lo que haces es una consecuencia de tu estado interior.

Si lo que haces no funciona, si tus acciones no resultan, es porque no reflejan tu mundo interior. Reflejan como mínimo un mundo interior evasivo, desconcertante y en desconexión. Por eso las acciones no dan resultado: son materializaciones de nuestra inconsistencia.

En este caso, lo que tendrás que hacer es mirar hacia adentro y ver de qué estás huyendo. Encarar esos demonios, dejar que duela lo que tenga que doler, y después de que todo esté limpio, acceder a tu alma, a tu esencia.

Sólo ahí actuar.

Las acciones promovidas por el alma son siempre y sin excepción correctas, iluminadas y gratificantes. Esa es la única vía de la evolución.

Hay otra manera de vivir: la desconectada.

La persona no sabe quien es, huye de lo que siente, se refugia en bienes materiales para engañar al dolor.

Y el resultado es la pérdida, el dolor, la frustración y la enfermedad.

La elección es siempre tuya.

JESÚS

49

Cambio

¿Mi sistema de creencias es rígido? ¿Nunca cambio de opinión? ¿Después de tener una opinión no dejo que entre nada más?

Soy "prejuicioso". Pre- juicio. Juicio anterior a...

Un juicio que se tiene antes de conocer el asunto en causa.

Nuestra mente deberá ser como el cielo azul repleto de estrellas.

Hay siempre alguna cosa moviéndose. Hay siempre una estrella brillando, una galaxia moviéndose, una supernova explotando, una estrella muriendo y muchas naciendo.

Nunca nada se detiene en el cielo.

Ni en tu vida.

Considera que lo que es hoy, puede no ser mañana.

Y lo que fue ayer puede estar igual... o no.

En el día en que nuestro sistema de creencias admite que todo es posible, que todo es posible que ocurra, nuestro chacra índigo se abre a otras infinitas posibilidades.

Y cuando una mente se abre y se eleva, la comunicación cambia, ya no se dice lo que se piensa sino lo que se siente.

Dejan de ser necesarias palabras para comunicar, porque una mirada, una caricia, una sonrisa pueden hacer que la comunicación se dé de una forma más valerosa, más intuitiva, más sagrada, más eterna.

Y la libertad de comunicación permite intuir qué decir y cómo decirlo.

JESÚS

50
Carencia

La carencia es triste e insoportable. Pero la fuga a la carencia es todavía más aterradora.

Es por la carencia que el hombre se defiende, se destruye y se complica, que el hombre se afirma, se rebela y se aflige.

El poder es la forma que el hombre inventó para no ser invadido.

Es por el poder que el hombre huye a su necesidad violenta de amor, de comprensión y de autoestima.

El hombre se afirma, el hombre sobrevive, el hombre huye de sus emociones. Las desvaloriza. Las relativiza.

En el fondo, el hombre utiliza su máscara más pura. Más ancestral. La máscara del "hombre duro". Aquel que aguanta todo.

Aquel que es suficientemente fuerte como para atraer mil montañas. Aquel que es valiente para vencer mil batallas. Aquel que es suficientemente resolutivo como para andar por países, continentes, en búsqueda de la nada, de la gloria, de hazañas, de la inmortalidad.

Y quien sabe, si parase un poco y fuese en búsqueda de su carencia, de su sensibilidad…

Si aceptase que cada flor es un mundo, y que cada día que pasa vivo es una oportunidad de creación…

La vida es para ser sentida.

De qué valen grandes realizaciones, si en el pecho se mantiene el dolor. Si en el pecho se mantiene un hueco peligroso y malo, un inmenso vacío que nos trae a la tierra, que nos trae a la realidad.

Un dolor. Una falta. Un miedo de que ese dolor sea perenne y de que esa falta crezca.

Cuando conseguimos dirigirnos hacia la luz, cuando conseguimos aceptar nuestras cosas, nuestras emociones, nuestras carencias, nuestras faltas, cuando conseguimos aceptar que no es el poder el que nos va a devolver aquello de lo que necesitamos, que no es la afirmación la que nos tapa ese hueco, esa carencia…

Cuando comprendemos que el remedio para este dolor es apenas dejar que duela y dirigir hacia ahí la luz que entra por nuestra cabeza...

Cuando comprendemos eso, estamos preparados para iniciar el cambio.

Cuando duele, deja que duela. Abre tu corazón y deja salir la densidad.

Deja de intentar ser más que los demás. Intenta ser más de ti mismo.

No en función de los demás, sino en función de tu energía.

En función de tu alma.

JESÚS

51

Miedo

El miedo.

La supervivencia.

Siente el miedo. Siente el miedo. Profundamente.

Deja que el miedo venga.

Déjate sentir el miedo. Es esa emoción la que te corta los sueños, la que no te deja creer.

Es esa emoción la que te impide actuar. Todo lo que haces por ti y para ti es aniquilado.

Tienes miedo de morir.

Sólo quien pasa por el miedo de morir es quien puede dar valor a lo que es la vida. La bendición de la vida.

El miedo es el enemigo oculto.

En su nombre se hacen los grandes pactos con las fuerzas oscuras.

En su nombre se inician guerras extravagantes e insólitas.

En su nombre se huye del camino para siempre.

La solución para el miedo es dejar que duela.

Y la luz que entra por la cabeza va lavando todo ese dolor.

Deja que venga, deja que duela, no porque alguien se equivocó, o porque tú te equivocaste, sino por la profunda tristeza de tener que ser así.

Deja que duela.

Y, al final, ven aquí arriba a regenerarte.

Ven aquí arriba a recibir la luz.

JESÚS

52
Tiempo

El momento presente, éste que estamos viviendo ahora, puede ser perfecto para algunas iniciativas e inadecuado para otras.

Puede ser excelente para que algunas relaciones evolucionen, pero no para otras.

Puede ser ideal para algunas creaciones, algunas inversiones materiales, pero ser ruinoso para otras.

El secreto es conocer el tiempo de cada cosa.

Cada parte de la materia se conjuga o no con el resto del Universo, según el momento.

Cada grano de arena puede ser apto para existir o apto para morir.

Quien decide es el tiempo.

Los hombres, si saben leer el tiempo de cada cosa, sabrán con exactitud el momento para avanzar.

Los hombres que conozcan los secretos del tiempo sabrán cuándo actuar.

Los hombres tienen un corazón que les da mensajes, que les muestra caminos, que les acorta el viaje.

Escucha el tuyo.

JESÚS

53
Apego

Todos los días, la vida nos da la posibilidad de que restablezcamos prioridades.

Todos los días, a cada hora, el Universo rearmoniza lo que está descentrado. Todo lo que no está en el centro será modificado por el sistema energético.

Cada día que piensas que posees algo, aunque sea de una forma inconsciente, el Universo se prepara para retirártelo.

Aunque no lo entiendas, a cada instante te estás apegando a algo. A cada instante con ese apego, estás dejando de ser libre. Con ese apego estás atado.

Puede ser apego a cualquier cosa. A personas, a bienes, a ideas, a ideales, a juicios, a palabras, a elecciones.

Te apegas cuando notas que no quieres abrir la mano. Te apegas cuando piensas que no vas a perder más. Y es ahí cuando empiezas a ser un candidato a la pérdida.

Es necesario desapegar.

Date cuenta que todos los días tienes la oportunidad de desapegarte. Cuando te quedas sin dinero momentáneamente, es una señal para que empieces a desapegarte del dinero. Es por no aprovechar estas señales que las personas se quedan definitivamente sin dinero.

Cuando un hijo quiere ser independiente, es una señal para que empieces a desapegarte de él. Es por no aprovechar estas señales que las personas se quedan definitivamente sin hijos.

Cuando te sientas triste, llora. Permítete estar sensible.

Es por no aprovechar estas señales que las personas empiezan a atraer las enfermedades, señales graves de debilidad.

Permítete desapegarte de las cosas, de las ideas de que ser fuerte es lo que tiene que ser, de que las cosas son tuyas.

Son pequeños lutos que duelen. Es verdad, duelen. Pero evitan la pérdida definitiva.

Evitan que la vida sea tan dura contigo como tú eres contigo mismo.

JESÚS

54
Destino

Cada galaxia tiene un campo de energía electromagnética que por algún motivo atrae a otra. Esta primera atracción es la que traza el dibujo.

Cuando chocan, ya estaban unidas para siempre. El choque es apenas la consecuencia de eso.

Chocaron porque se atrajeron, y después se quedan juntas.

No chocaron, y por chocar se quedaron juntas.

Fíjate en el matiz.

En la primera opción, las galaxias antes incluso de haberse tocado ya habían hecho todo el trabajo, el de atraerse. Chocar fue apenas la consecuencia, quedarse juntas era el destino.

¿Por qué te estoy explicando todo esto sobre las galaxias?

Porque los hombres son iguales a las galaxias.

Cuando chocan entre sí, o hasta incluso cuando se cruzan, el destino ya estaba trazado.

Ya se habían atraído. El choque fue apenas la consecuencia.

Antes de chocar, las galaxias hacen un baile alejado y distante para, después de muchos años, juntarse.

Quedarse juntas ya se esperaba cuando se atrajeron. Quedarse juntas fue la consecuencia de haberse atraído.

No es la consecuencia de haber chocado, dado que hay galaxias que chocan una con la otra y se repelen.

Con el ser humano se da el mismo caso. Cuando atrae a una persona o una circunstancia en su vida, en la frecuencia de vibración ya se siente si el encuentro será para la atracción o para la repulsión.

Pero, ya sea para la atracción o para la repulsión, el encuentro ya estaba marcado hace siglos.

JESÚS

55

El presente y el futuro

Voy a explicarte por qué es tan importante que las personas vivan en el presente.

Ni en el pasado, ni en el futuro. En el presente.

Simplemente estar aquí, en el presente. Vivir lo que hay que vivir en el aquí, en el ahora. Nada más que eso. Ya mucho se ha hablado acerca de vivir en el ahora.

Pero hay cosas que falta explicar. Falta aclarar.

Cuando una persona vive en el pasado, toda su energía vibra con una frecuencia del pasado.

Si sintiese odio en el pasado, si sintiese rebeldía, culpa, o sea cualquiera de estos instintos básicos en el pasado, esas emociones se canalizarán hacia el presente. Van a invadir su vida, pues el portal del tiempo está abierto y las dimensiones temporales se entrecruzan. Interactúan. "Interviven".

Serás asaltado por emociones adversas en el presente, por insistir en vivir con la conciencia, con el enfoque en el pasado.

Las emociones antiguas pasan a dominar el presente, tu vida y tu energía. Pasas a "vivir de memorias", y te conviertes en una persona triste, sin energía, pues la energía sólo se atrae cuando se resuelven las cosas.

Si vives en el presente, puedes incluso revivir memorias antiguas, pero con la conciencia de hoy. Vas al pasado, pero te llevas del presente una conciencia amplia, limpia y clara. Naturalmente que las emociones bloqueadas secularmente, a fuerza de recibir la conciencia del presente, se deshacen en mil fragmentos de luz.

Pasas a vivir la vida cada vez más tranquilo, pues vives en una dimensión temporal donde puedes alterar la lógica de los acontecimientos a través de tu libre albedrío. De tu elección personal.

Quien vive en el pasado no altera nada. El pasado no se altera. Pasas a vivir con una sensación de tremenda impotencia, pues estás en el pasado, no puedes cambiarlo, en vez de vivir en el presente donde puedes cambiar el rumbo de los acontecimientos.

Comprendes ahora mejor por qué no se debe vivir en el pasado. Ir allí con la conciencia de hoy para liberar los bloqueos, sí. Pero vivir allí, no.

Ahora vamos a hablar del futuro.

¿Por qué es tan negativo vivir con la conciencia enfocada en el futuro?

Las personas que viven enfocadas en el día de mañana se quedan infinitamente más débiles.

No tienen la energía del presente, reniegan de ella en favor de eventos que aun irán a ocurrir. Como no los pueden forzar, se arriesgan a que eses eventos simplemente no ocurran.

Como viven con la conciencia en el futuro, su presente es sin cuidado, sin entrega, sin enfoque.

¿Y qué piensas que ocurre en el futuro a quien no se prepara?

¿A quien no se entrega para que ocurran cosas preponderantes?

¿A quien no cuida de las cosas para que ellas puedan crecer?

¿Cuál será el futuro de una persona que no se enfoca en el presente, para comprender qué hacer y cómo hacer, cuando llegue la hora de hacer alguna cosa?

No será.

No habrá futuro.

Podrán pasar meses, y años.

Podrá pasar el tiempo, pero la vida de esa persona no cambiará, nada cambiará, y ella continuará esperando que ocurran cosas satisfactorias en un futuro que no llega nunca.

Vivirá a la espera de…

A pesar de que estas razones para vivir en el presente ya sean, por sí solas, suficientes, aún te quiero dar una razón fundamental para que las personas pasen a escoger el ahora.

Yo sólo puedo entrar donde hay conciencia.

Yo sólo puedo entrar donde hay conciencia plena.

Yo sólo puedo entrar si me invitan a entrar.

Siempre que abran espacio para que yo entre.

Una conciencia enfocada en el corazón, en lo que se siente, está plácidamente dando autorización para que yo entre.

Una persona que vive con la sensibilidad a flor de piel, aceptando sus dificultades y limitaciones, pero también aceptando sus capacidades y, principalmente, su condición de gestora de su propia evolución, una persona que escoge vivir el hoy con lo que quiera que sea que hoy traiga, esa persona está llamándome.

Un llamamiento largo, continuo, con sabor a amistad antigua.

A esas personas yo voy.

En esas yo entro.

Pero las personas que insisten en vivir fuera de su tiempo, o en el pasado, donde las heridas ocurrieron, o en el futuro, donde piensan que todo va a ocurrir, esas personas no están en condición de dejar entrar la luz.

Bloquean. Resisten. Controlan.

Por esas personas, la única cosa que puedo hacer es esperar.

Y me quedo por aquí, con una sensación de tristeza e inutilidad, viéndolas alejarse cada vez más de la luz, viéndolas alejarse cada vez más de mí.

Y sufriendo. Sufriendo solas, en plena soledad espiritual.

Recuerda que para conectarte conmigo sólo tienes que sentir.

Sentir profundamente sea la emoción que sea. Nunca juzgando o culpando a otros por lo que ocurre en tu vida.

Apenas sintiendo, sintiendo, sintiendo.

Y yo estaré aquí, cuidando desde aquí arriba para que a fuerza de tanto sentir, los bloqueos se deshagan, las emociones se diluyan, y tú puedas nuevamente tener esperanza y mirar al cielo.

JESÚS

56

Negatividad

Piensa en esto:

La experiencia en la tierra es la experiencia de la negatividad.

El ser humano, aún de luz, baja a la tierra donde está la negatividad.

Desde que nace, va experimentando nuevos episodios de negatividad. El propio parto, que ya en sí es un trauma, pasando por padres algunas veces autoritarios, por el rechazo en el grupo de amigos y en la sociedad, así como por personas que desean que ese ser sea como ellas quieren, en fin, la negatividad está presente en cada momento de la vida.

La pregunta es:

¿Cuál será la reacción del ser a toda esta negatividad?

¿Será que él mismo se quedará negativo?

En cuanto esté negativo, volverá un sin número de veces, atrayendo aún más negatividad.

Hasta que un día escoja reaccionar ante la negatividad a través del positivismo. Recibir la negatividad y no dejarla entrar. Permanecer en la luz. Ese ser que ya no tiene negatividad está preparado para terminar sus días en la materia.

No se reencarnará más.

No volverá a tener la experiencia de la tierra.

La experiencia de la negatividad estará superada y él partirá hacia nuevos paraderos.

JESÚS

57

El momento presente

La mejor manera de que te conectes con el cielo es vivir el momento presente.

Este momento único, que cuando pasa, no vuelve más.

Si lo intentas vivir después, ya se habrá transformado en pasado.

Si lo intentas vivir anticipadamente, intentando controlar lo que va a ocurrir, no pasará de futuro, una frecuencia de futuro, pues, como sabes, el futuro absoluto no existe.

Deberá tenerse siempre en cuenta el libre albedrío de las personas. Las elecciones de cada uno son las que van a condicionar el futuro. Lo que vendrá es siempre una consecuencia del pasado o del presente.

En resumen, vive el hoy, el ahora, el momento preciso en que puedes efectivamente escoger.

El pasado no se escoge, ya se escogió.

Otras elecciones se tomaron para delimitar este presente que vives hoy. Pero lo más importante es vivir el hoy, mirándolo con imparcialidad y aplicando la elección. Tu elección revelará quién eres verdaderamente. Si vives el ahora, este momento, intensamente, estarás impregnado de tal manera de quien eres, que no tendrás otra hipótesis más que escoger en conformidad.

Y así construirás el futuro, no basado en suposiciones, sino en datos concretos que demuestren tu ser.

Ese futuro sólo puede ser el propicio, sólo podrá ser feliz.

No te olvides.

Angustia y culpa es vivir en el pasado.

Ansiedad es vivir en el futuro.

Vive el ahora, este momento, y recibirás la verdadera inspiración para ser quien eres.

JESÚS

58

Trampas

Los problemas son trampas. Piensa en esto. Los problemas no son más que trampas.

Yo te explico.

Piensa en un ser de luz —tú— realizando la experiencia de la densidad, de la negatividad —la vida en la tierra.

Piensa que ese ser de luz baja a la tierra con el único objetivo de reaccionar ante la densidad.

Y la elección es suya. Puede reaccionar con luz, quien él verdaderamente es, o puede reaccionar haciéndose denso, como la tierra.

En el caso de que se haga denso, será empujado hacia la densidad, la tierra, un sin número de veces, hasta que aprenda la lección y consiga mantenerse en luz en el mundo de la densidad.

Claro que en medio de las encarnaciones hay el regreso a la luz.

El ser muere en la materia y vuelve a la luz. Para reciclarse, para recordar quién es. Para recordar que es luz.

Después vuelve nuevamente a la vida en la tierra para intentar superar la experiencia. Mantenerse en luz, ahí abajo.

Durante su vida en la tierra, nosotros vamos enviando experiencias densas —en realidad, el ser va atrayendo experiencias— problemas, frustraciones, injusticias, traiciones. Experiencias extremamente densas para probar la reacción.

¿El ser se quedará en luz manteniéndose quien es —sale de la rueda de las encarnaciones, misión cumplida— o se transformará en densidad y perpetuará sus venidas a la tierra?

¿Cuál será su elección?

Muchos seres, por no aguantar la experiencia, esta dura prueba, intentan modificar la densidad.

Quieren que el mundo sea justo, sea perfecto.

Pero, si el mundo fuera justo y perfecto, ya no habría experiencia de densidad.

El ser iría a la tierra y no habría ninguna trampa para probar su reacción.

No habría nada que escoger, todo sería luz. Sería luz aquí arriba, y sería luz ahí abajo.

Sin embargo, eso no tiene sentido. Cuando te enviamos ahí abajo, o mejor dicho, cuando tú escoges ir ahí abajo, la idea es precisamente que vivas las trampas que existen en la materia densa para probar si consigues permanecer en luz o si te transformas en un ser materialista, racional y denso.

Los problemas por los que pasas no son más que trampas del cielo para probar tu nivel de densidad y tu nivel de luz.

Para probar tu reacción a la densidad.

La elección es tuya.

Jesús

59

Minimalismo

El Universo sólo es lo que es porque tú eres lo que eres.

Piensa en eso.

El Universo tiene un equilibrio. De ese equilibrio forma parte todo y cualquier ser, vivo o no, que le pertenece.

Cada energía es única, cada ser tendrá que vibrar en la frecuencia de esa energía única.

Esa energía única, sumada a otras energías únicas, formará el todo del que está hecho el Universo.

Y si el todo del Universo es llamado Dios, Dios será la suma de estas energías únicas. Desde este punto de vista se entiende ahora que cada uno de ustedes son un poco de Dios. Pero sólo si vibras en la frecuencia de tu energía única.

Vibrar por esa frecuencia única e intransmisible es lo que corrientemente se denomina Ser.

Ser, es eso. Es vibrar por aquella energía que es tuya, que nadie más tiene. Y para conseguir vibrar por ella, en principio se tiene que ser minimalista.

Minimalista en el sentido mínimo, en el sentido de ser sólo energía, nada más que eso. Sin pensar, sin sentir, sólo vibrar por la energía.

Al retirar los pensamientos de tu mente activa, al retirar la densidad de tu corazón, accedes al ser. Y vibras por él.

Y a partir de ahí, de esa vibración, harás y pensarás cosas ahí en la materia que demuestren eso mismo, lo que eres.

Ya no harás para ser, o intentarás tener para ser.

Harás y tendrás porque ya eres.

Eso cambia todo.

Las personas ahí abajo, cuando no consiguen sólo vibrar por el ser, tienen la tendencia a proyectar fuera de sí mismas.

Intentan tener y hacer cosas que supuestamente les devuelvan quienes son.

Las personas quieren casas, coches, buenos empleos en el

sentido de que les sea devuelta la sensación de ser algo (dueño de una casa, coche, poseedor de un buen empleo), pero eso no es ser. Normalmente esas personas no vibran por lo que son. La mayor parte de las veces, cuantos más bienes materiales poseen, más vibran por el miedo a perderlos.

Siempre que desees algo fuera de ti mismo, siempre que quieras, con alguna ansiedad, algo más que apenas vibrar por el ser, lee este texto nuevamente, e intenta comprender que ese deseo esconde simplemente la insatisfacción de no conseguir vibrar por la frecuencia única de tu ser.

Accede al minimalismo, deshazte de pensamientos, retira la densidad de tu pecho y limítate a quedarte así. Muchas personas piensan que quedarse así, solamente, no es nada. Que quedarse no promueve el ser, que es poco.

Yo te digo que quedarse sólo, así, minimalista, tal vez sea la mayor práctica energética que un ser puede tener.

Cree en esto.

JESÚS

60
Conciencia

Piensa en la conciencia. Piensa en cuan profunda es la elaboración de la conciencia.

Piensa en cuantas neuronas y átomos serían necesarios para elaborar la conciencia humana.

Piensa en cuan sofisticado sería un aparato que pudiera medir la conciencia.

Piensa en el Universo inmenso que tú posees. Un Universo ilimitado, si consideras que los seres de luz están aquí para iluminar tu conciencia.

Piensa en cuan sublime podría ser tu vida, si realmente aprovechases la conexión, hasta el punto de que nos dejaras interferir en tu vida, de una forma clara e inteligible. De una forma abstracta y global. De una forma total.

Serían grandes hombres, ustedes. Utilizarían la mejor arma que el ser humano tiene, la conciencia. Asociada con la mayor herramienta de expansión, la conexión. El canal abierto. La apertura energética al cielo, lo que les permitiría escoger, pasar por las experiencias, darles significado y seguir adelante.

La conciencia. Elemento tan mal comprendido.

El hombre, en su ansia de controlar, va intentando dominar su conciencia, va intentando entrenarla, en el sentido de conectarla más y más a la materia, en vez de abstraerse de ella promoviendo la conexión con el cielo.

Yo estoy aquí, yo puedo ayudar, pero sólo si las mentes y las almas están abiertas para recibirme.

Los corazones cerrados no tienen vuelta. No hay como reanimarlos.

Es parte de tu elección abrir el corazón, para que yo pueda entrar y así ejecutar mi designio.

Tu conciencia se conecta conmigo, y es ahí que yo aparezco. Y actuó en tu vida y hago lo que tengo que hacer. Y tú piensas que son milagros.

Los milagros no son más que mi intervención en la materia.

La intervención divina, como se dice ahí abajo.

Pero lo divino necesita de una invitación para entrar. Necesita que lo escojan, necesita de un corazón abierto.

Antes que nada, antes que la meditación, antes que la elevación, empieza por abrirte. Abre el corazón. Mira al cielo y comprende que yo puedo entrar, si tu me dejas. Si tu te abres.

JESÚS

61
Confusión

Mi mayor tristeza es cuando las personas confunden todo.

Confunden la devoción con la obligación. Confunden karma con pecado. Confunden miedo con austeridad.

Quiero decir que nunca exigí lo que quisiera que fuese de nadie.

Y quien diga lo contrario, miente.

Quien diga que fui yo quien definió obligaciones, quien diga que fui yo quien incentivó la prohibición de los pecados, no está siendo correcto con el orden de los acontecimientos.

Yo sólo hablé acerca de conceptos. Hablé de libertad, hablé de la ignorancia, hablé de trascendencia. Hablé de las multitudes, de la muerte y de la quiebra de los estados.

Hablé de la agudeza y la elocuencia. Hablé de la muerte del ego y de la vida del alma.

Hablé de la distancia, del compromiso y de la abundancia.

Nunca dije algo acerca de las obligaciones, prohibiciones, vergüenza, infierno o castigo.

Nunca dije nada que reprimiese el alma humana. Sólo la he realzado, exuberado y enaltecido.

Cuando ponen en mi boca afirmaciones que rebajan al ser humano, me siento triste, fútil y subyugado.

Me encuentro a mí mismo casi pensando que no ha valido la pena.

Cuando se sirven de mí para maltratar, castigar, entristecer, cuando utilizan mi nombre para escabullir deseos propios y vanos, siento ganas de gritar que no es así.

Por eso es que yo pido:

Piensa con tus propia cabeza.

Llegua a tus propias deducciones.

Si lo que te dicen que yo dije no tiene la frecuencia de la libertad, de la luz y de la clarividencia, si lo que te dicen de mí no tiene la frecuencia de la vida, del amor y del alma, por favor, no lo escuches.

No dejes que el miedo venza.

No dejes que la densidad se instale.

En ese momento, ven hasta aquí arriba, ve a tu propio corazón, no hay nada en este mundo que te pueda hacer creer en la densidad.

No hay nada en este mundo que pueda reprimir la capacidad de las personas para ser felices.

JESÚS

62
Yang

El yang sirve para luchar, ¿pero para luchar con qué objetivo? Si yo estoy siempre diciendo que abandones el ego, si estoy siempre pidiendo que reduzcas la energía yang, más proactiva, más avanzada, más luchadora, si estoy siempre pidiendo que la reduzcas, ¿por qué existe en la materia?

¿Por qué es que los hombres la traen, en igual proporción a la energía yin, más pacífica, más interior, más receptiva?

Si fuera para que la reduzcas, ¿por qué existe con tanta intensidad?

Simple, yo te explico.

El hombre no va a la tierra sólo para ser feliz sin más.

No, no es esa la expectativa.

El hombre va a la tierra para trabajar. Trabajar sus miedos, su desasosiego, en fin, para trabajar sus limitaciones.

Cada miedo, cada desasosiego es un bloqueo energético provocado por una memoria kármica. Por la memoria de un trauma que ocurrió en una vida pasada.

Cada uno de esos bloqueos deberá ser deshecho. Un hombre que vaya deshaciendo cada bloqueo, y no vaya acumulando otros en esta vida, estará preparándose realmente para la ascensión.

Entonces, si un ser viene a la tierra a trabajar cada uno de sus bloqueos, ¿qué es lo que necesita hacer?

Pasar por ellos, vivirlos, entenderlos y aceptarlos.

A partir de ahí, de esa aceptación de que la dificultad existe, un lento fenómeno empieza a ocurrir.

El ser, después de colocar la conciencia en el miedo, le quita la fuerza.

Por consiguiente, se hace fácil adivinar lo que le ocurre a los miedos cuando las personas se deciden a vivirlos. Simplemente empiezan a desaparecer.

¿Y dónde entra el yang en esta historia? ¿Dónde está la fuerza, la voluntad, y algunas veces hasta un poco de ego?

En la determinación de escoger encarar los miedos. Encarar de frente las dificultades. Vivirlas, hasta que dejen de tener sentido.

Una agresión pronunciada muchas veces pierde fuerza.

Un miedo encarado varias veces también pierde fuerza.

Esta parece la teoría del sufrimiento, de que sufrir es lo que es bueno, ¿verdad?

Pero hay una gran diferencia. Hasta hoy se pregonaba que sufrir dignificaba al hombre. El hombre sufría para ser digno. Buscaba el sufrimiento para ganar dignidad.

Date cuenta que era un pensamiento de fuera para dentro.

El hombre sufría porque su acción le iba a hacer ser cualquier cosa.

Pero lo verdadero es lo inverso. Primero tendrás que ser alguna cosa, para después comportarte como tal.

No pasas a ser algo por actuar como tal.

Por tanto...

Esos hombres buscaban el sufrimiento para ser alguna cosa, de fuera para dentro, repito.

Cuando hoy hablo de encarar el sufrimiento, no pido que lo busques. Pido que no huyas de él. Para que, si él está a tu puerta, lo puedas vivir. Pasar por eso, dejar que duela bien ahí, en el centro del pecho, ir hasta el fondo del pozo sin hacerte la víctima, sin que pienses que la culpa es del otro. Sabiendo que la responsabilidad es absolutamente tuya, pues es la consecuencia de una acción o emoción tuya, en esta o en otra vida.

Y es para eso que es necesario tener el yang.

Es para eso que es necesario tener coraje, coraje de sensibilizarse y encarar el dolor que venga las veces que sean necesarias hasta que pare de doler.

Parar de doler, no porque has racionalizado y pensado que es mejor canalizar la atención en otra cosa.

Parar de doler, no porque tomaste un antidepresivo y paraste de sentir. Parar de doler, no porque en un fanatismo cómodo, rezas a Dios y le pides que Él te resuelva las cosas, en una actitud nítida de fuga a tus realidades.

Hasta que pare de doler significa que tuviste el coraje de quedarte ahí, sintiendo el dolor, sintiéndolo tan profundamente que te mezclas con él.

Hasta que un día, él se fue. Se deshizo como una nube que se disipa por encima del océano. El dolor vino, tú lo encaminaste y él desapareció. Es para eso que sirve el yang.

Es para eso que sirve el ego.

Para que consigas, en medio de la oscuridad, llenarte de luz y decir:

"Yo merezco ser feliz, yo me quiero tanto como para quedarme aquí, parado, dejando que el dolor venga en su mayor significado, para que después me deje, definitivamente. Yo merezco ser feliz. Y cuando este dolor pase, yo sé que habré conquistado un lugar más en el cielo".

Es para eso que sirve el coraje.

La diferencia entre vivir una situación de dolor de la manera tradicional y de esta manera espiritual es la siguiente: mientras que en la forma tradicional la persona piensa que es una víctima del destino, que le hacen mal sin motivo aparente y que ella no controla la situación, en la forma espiritual la persona sabe que, si le duele es porque es necesario trabajar y busca pasar por eso el mayor número de veces posibles para ir desgastando, para que, con el pasar del tiempo, a fuerza de sentir tantas veces la misma cosa, el corazón se abra y el bloqueo finalmente sea superado.

JESÚS

63

Emociones

Las emociones son la base del espíritu. Una persona que no sabe llorar tampoco sabrá reír nunca.

Una persona que juzga sus emociones, calificándolas de desajustadas o de inoportunas, ¿qué conciencia tendrá para reconocer sus sueños?

Sólo una persona que respeta incondicionalmente lo que siente es quien podrá reconocer cualquier manifestación emocional determinante para ajustar su camino.

Tu me preguntas:

¿Cuál es mi misión?

¿Cuál es el compromiso que yo establecí con el cielo antes de reencarnarme?

¿Estoy consiguiendo cumplirlo?

Y después intentas elevarte para tener acceso a esa información.

Hay una cosa que yo te quiero decir.

Sin las emociones desbloqueadas, transparentes y libres, tú hasta te puedes elevar, hasta puedes venir aquí arriba, pero no adelantará gran cosa.

Sin las emociones fluyendo libremente a través de tu sistema energético, nada de relevante sucederá en tu vida.

Tus emociones son la prioridad de las prioridades.

Una persona que siente algo, pero que no deja salir esa emoción, sino que por el contrario, la ata y la tapa, deseando que nada hubiera ocurrido, deseando que se vaya para siempre, para que no le moleste más, para no recordarle que hay disgustos que no han sido llorados, lutos aún por hacer…

Esa persona desea ardientemente que la vida sea apenas un mar de rosas sin una espina que lo oscurezca…

Esa persona todavía no ha comprendido nada.

No ha comprendido que todo es dual, los opuestos son una realidad, quien no viva cada una de sus tristezas tendrá mucha dificultad en vivir cualquier alegría.

Quien no consigue emocionarse es porque ha renunciado a sentir, y sin sentimiento nada tiene significado. Y la vida está hecha de significados. No sólo de trabajo, dinero y materia.

Quien consigue percibir el significado de las cosas, vive mucho mejor. Sabe lo que está haciendo ahí...

Sabe lo que causa cada acontecimiento y qué aprender con él. Sabe por qué ocurre cada pérdida, y qué hacer para evitar que más pérdida se aproxime.

Consigue amar cada cosa que hace y cada persona con quien interactúa. Sabe que sólo es suficiente un minuto para fomentar el despertar, y que ese minuto es mágico y no puede ser desperdiciado.

Quien siente, sueña.

Quien sueña, vive.

Quien vive, aprende.

Quien aprende, evoluciona.

Quien evoluciona, se acerca más rápido a mí.

JESÚS

64

Significado

Piensa en una vida sin significado. Una vida vacía, de total abandono espiritual.

Una vida sin significado es la entrada hacia toda una serie de situaciones confusas, conflictivas.

No dar significado a la vida quiere decir perderse en una maraña de ilusiones, sin fin a la vista.

¿Qué es dar significado a la vida?

Es llenarlo de sinónimos de libertad, fraternidad y esperanza.

Es comprender que el interior del hombre es el lugar más sagrado, más extraño, más adictivo y mágico.

Es comprender que dentro del pecho de un hombre reside toda la sabiduría.

Entender la vida y su significado es algo que sólo es posible para algunos, los que ya han abierto el corazón y comprenden las vicisitudes de la elevación.

Sólo así se podrá comprender que en el movimiento de subida hay y habrá fases de bajada, que en el instante de conexión habrá momentos de duda, y en el instante de ser quien se es habrá momentos de vacilación.

Pero esos momentos no comprometerán el camino, ni frenarán lo que quiera que sea, pues el rumbo ya ha sido descubierto y es irreversible.

En realidad, sólo hay una diferencia entre los hombres y los animales.

Dicen que los hombres tienen miedo de la muerte, al contrario de los animales. Pero los animales también tienen miedo, si no, no huirían de sus predadores.

Dicen que los animales no tienen conciencia, pero, fijándonos bien, hay humanos que tienen menos conciencia que muchos animales.

En realidad, la única y verdadera diferencia entre los hombres y los animales es la capacidad intrínseca que el ser humano tiene de dar significado a su existencia.

Y eso sólo será posible si él comprende que sin significado la vida no sirve para gran cosa.

JESÚS

65
Pecado

Una de las particularidades más vergonzosas y tristes de las religiones en general es el hecho de que presenten a las personas verdades forzadas.

Los pecados, o sea cual sea el nombre que las varias religiones adopten para instituir un tipo de prohibición, son un ejemplo claro de lo que estoy diciendo.

Piensa conmigo: un hombre ya nace sin saber que existe una continuidad. No se acuerda de la vida que pasó, no se acuerda de lo que acordó allí arriba, no se acuerda de que hay vida futura.

Está claro que es más fácil para ese ser creer, cuando la sociedad así lo impone, que no hay nada más allá de la vida.

El hecho de que tu sociedad retire la noción de eternidad de la conciencia humana es gravísimo.

El hombre pasa a centrar su atención en esta vida y sólo en esta vida. Como no sabe que lo que sufre es consecuencia de lo que hizo y que lo que hace tendrá sus consecuencias cósmicas, se enfoca en esta vida, y en esta vida pretende ganar aunque tenga que pasar por encima de un interminable número de cosas…y de personas.

Así, su ego empieza a engendrar un rol de maldades, que cuando se ejecutan hacen su mundo más fácil.

Y es aquí que las religiones entran —mejor dicho, ya entraron— al negar vidas pasadas y futuras. Pero es aquí donde empiezan a fortalecerse.

Divulgan unos cuantos pecados. Divulgan que, quien no los cometa, alcanzará la salvación.

¿Sólo esto? —pregunta el ser.

¿Para alcanzar la salvación debo evitar sólo esto?

En cuanto al resto, ¿puedo hacer lo que quiera?

Y como ninguna lista de pecados tiene la capacidad de explicar la ley del karma, según la cual todo lo que hagas traerá una consecuencia, en esta o en otra vida, estos seres se quedan a merced de la laguna entre las listas de pecados.

No puede matar, no puede robar, pero puede torturar, puede pisotear, puede humillar.

No puede comer mucho, pues es gula, pero puede comer aditivos, puede comer conservantes, puede modificar el ADN de los alimentos.

No puede mirar a la mujer del prójimo, pero puede reprimir sus pasiones, puede provocar bloqueos emocionales, puede quedarse atascado de emociones retraídas.

Como ves, la lista de lo que cada uno debe o no debe hacer debería basarse única y exclusivamente en su propia conciencia, tomada del interior más profundo que existe en cada una de las personas.

JESÚS

66
Miedo a equivocarse

Cuando creemos que lo que estamos haciendo es correcto, cuando queremos acertar, nos obsesionamos con la necesidad de que las cosas vayan bien.

Esa obsesión, esa necesidad compulsiva del éxito de cada iniciativa frena la percepción correcta de la realidad.

El problema es el miedo a equivocarse. La búsqueda incesante del éxito es la fuerza vital que se coloca en la ejecución de las tareas para que "den resultado". El parámetro unilateral del éxito no es más que la demostración del miedo, del pavor, de la no aceptación profunda del fenómeno del error.

Equivocarse es humano. Equivocarse es vital. Equivocarse es lo que te hace crecer y avanzar.

Fíjate que, seguidamente al error, se manifiesta una crisis interior.

Frustración, tristeza y dolor son las palabras clave.

Mi sugerencia: aprovecha esa tristeza. No de rabia, no de culpa, pero sí de impotencia. De haber atraído el error y su correspondiente consecuencia, de no haber sabido o no haber podido —algunas veces son los demás los que nos llevan a errar, pero eso también es parte del plan— evitarlo.

Aprovecha esa tristeza. Llora. Haz el luto interior hasta el final. Hasta el final. Hasta el final.

Momentos de dolor. Horas de dolor. Algunas veces hasta días de dolor.

Pero ese dolor tiene un fin. Cuando acabe, el ser se conecta con su fuente divina de luz. Lo que está más adentro del hombre. Su verdadero "yo" donde residen todas las respuestas.

Sólo en ese momento la persona está preparada para volver a empezar. Para cambiar. Para mejor.

Lo que sea que hagas ahora, lo harás con tu ser entero, profundo, sagrado.

Lo que sea que hagas ahora, tendrá todo el sentido a nivel evolutivo.

Lo que sea que hagas ahora, tendrá un perfil tan propio, tan original, tan auténtico que sólo puede traer innovación, sólo puede traer otra luz al mundo.

Como ves, fue el error, la crisis, la vivencia del dolor y la acción posterior las que dictaron el avance, la conexión con la fuerza evolutiva.

Como ves, aunque la persona no consiga seguir un proceso espiritual a través de la meditación, podrá seguirlo a través de la correcta relación con sus emociones.

Como ves, el error es provechoso y hasta aceptable.

El error es legítimo y algunas veces hasta deseable.

Las personas que pasan la vida racionalizando, ponderando y evitando equivocarse, no actúan o actúan de acuerdo con lo instituido, y el mundo nunca más avanza.

Por eso yo digo, cuidado con los juicios.

Cuando una persona hace, dice o piensa cosas improbables, originales y no alineadas con el pensamiento corriente universal, antes de ponerle un "rótulo", antes de juzgarla, piensa si esa persona no estará conectada con su yo profundo, con su yo sagrado, y, en última instancia, con el futuro de la humanidad.

JESÚS

67

Conexión

La meditación y la limpieza espiritual son las dos cosas más importantes que existen.

Una persona desconectada y con densidad es una persona sin vida interior, sin vida propia. Es una persona enfocada siempre en los demás, en lo que ellos van a pensar o decir.

Es una persona que necesita agradar a los demás para que la acepten.

Es una persona que necesita de la aprobación de los demás para ser quien es.

Una persona desconectada y con densidad jamás encontrará su esencia, fuente original de su vida en la tierra, vehículo que transporta la información espiritual, la misión y el camino.

Una persona sin vida espiritual es un autómata, es un robot, es un ser que está siempre al servicio de alguien —y sabes que el ego está siempre al servicio de alguien.

Es necesario liberarse, soltar las amarras, dejar de dar tanta importancia al ego, conectarse y subir. Encontrar la vida plena en medio de la densidad, ahí, en la materia.

Una persona desconectada es una persona infeliz.

No deseas eso para ti, ¿verdad que no?

JESÚS

68

Aprender a ser

Cuando retiramos de nuestra vida el trabajo, la familia, los amigos, los bienes materiales, lo que yo quería ser y no fui, y lo que yo aún quiero ser y por eso lucho...

Cuando retiramos todos estos enfoques de nuestra vida, ¿qué es lo que queda?

Si hoy dejases de preocuparte por cuidar a otros, sean ellos parientes, amigos o superiores jerárquicos, ¿a dónde iría tu conciencia? ¿A dónde iría tu convicción?

Si hoy no tuvieses absolutamente nada que te preocupase, ni dinero, ni metas ni objetivos, ¿qué quedaría?

Quedaría tu luz interior.

Quedaría tu esencia, tu vibración profunda.

Esa vibración de tu yo sería más fuerte o más débil según las veces en que te hubieses despojado de todo y las veces en que ya hubieras ido a su encuentro.

La fuerza de esa vibración dependerá del número de cosas con las que te distraes y de la cantidad de cosas que —algunas veces sin importancia alguna— encuentras para hacer.

Esa vibración te está esperando para salvar tu vida y llevarte a tu propósito.

Esa vibración tiene que ser mimada, alimentada e instruida para que brille de forma sistemática e inequívoca, de manera que dé consistencia a esta encarnación.

Todo lo que puedas hacer, que no sea dar luz a tu luz, no procede y no resulta.

Lo primero de todo, antes que los demás, antes que el gran amor de tu vida, antes que tus hijos o que tus padres, antes que tus amigos o colegas, lo primero de todo que tienes que hacer, antes hasta de tu supervivencia, está en tu luz. Estás tú.

Después todo vendrá, de una manera envolvente y apasionante, sobre el signo de la abundancia.

Aprende a hacer brillar tu luz.

Aprende eso, y serás iniciado.

Jesús

69

Control

Si fueses un grano de arena, ¿hacia dónde te llevaría el viento?

Si fueses un grano de arena, ¿cuándo te diría el viento que parases?

¿Qué te haría vivir el viento?

La vida tiene un movimiento propio.

Los granos de arena sólo se dejan llevar por el viento porque no tienen "querer".

No tienen juicio. No piensan que esto es bueno o esto es malo.

No quieren ir para aquí o para allí.

Van hacia donde el viento los lleve.

Si fueras un grano de arena, serías tan leve, tan disponible, que aceptarías la dirección propuesta, conocerías así otros lugares, vivirías otras experiencias.

Tendrías oportunidad de vivir otras cosas, otras veces. Y tu vida sería infinitamente rica porque irías a todos los lados, porque serías libre y no pensarías que la vida que tienes es mala y repetitiva.

No pensarías que todo te va mal.

No pensarías que los otros te perjudican.

Estarías más preocupado en perder densidad para quedarte más leve, de modo que pudieras acompañar la dirección del viento cada vez hacia más lejos, cada vez más alto.

Si fueras un grano de arena, serías leve, serías intuitivo, serías movible, serías auténtico.

Y la vida no tendría el peso que tiene.

Y las cosas serían más fáciles.

Y todo estaría en su lugar.

JESÚS

70

Atracción

Todo lo que ocurre es de tu entera responsabilidad.

Todo lo que te ocurre es atraído por ti.

Por más extraño que esto te pueda parecer, tú sólo atraes lo que tienes ahí dentro.

Así, sólo atraerás violencia si ahí dentro tienes violencia. Sólo atraerás amor si ahí dentro tienes amor.

En vez de cuidarte para que no te ocurran cosas malas… en vez de quejarte que sólo te ocurren cosas malas….

Mira esas cosas como si fuesen un espejo de tu interior.

Y agradece.

Agradece a las personas que te provocaron dolor el hecho de haberte hecho ver lo que tienes que trabajar en ti mismo.

Y trabájalo.

Agradece y trabaja.

Este es el proceso.

Si atraes una situación violenta, entiende que esa situación es apenas un espejo de tu violencia interior.

Entiende eso, y entra en contacto con ella. Acuérdate de situaciones violentas en tu vida, llora, grita, patalea, pasa por eso, y retira la energía negativa que sale de tu pecho.

Retira esa densidad y abre tu corazón para que yo pueda entrar.

Y así, situación a situación, circunstancia a circunstancia, irás limpiando, agradeciendo y limpiando.

Un día, despertarás con un reino de amor a tu alrededor y sabrás que yo estoy ahí.

JESÚS

71

Relaciones

Lo más difícil es hablar de las relaciones. Relaciones en las que las personas no consiguen ser quienes son, en las que avanzan hacia la hipótesis aparentemente más fácil que es ser lo que otros esperan de ellas.

Y en esa tentativa de responder a lo que esperan de ella, el alma va menguando, desilusionada y triste, pues así no consigue realizarse en su mayor plenitud, deseo de cualquier alma.

Cada reencarnación es una oportunidad de que el alma se manifieste.

Cuando las relaciones te proponen dejar de ser quien eres y tú lo aceptas, cuando las relaciones, sean con quien sean, maridos, esposas, padres e hijos o incluso de carácter profesional, cuando las relaciones te proponen empeñar tu alma, quien has venido a ser a la tierra, en favor de deseos mezquinos y manipulación psicológica, entonces ese ser o esos seres que comparten la vida contigo no te consiguen "ver", no consiguen ver tu alma. Esto ocurre o porque no saben, o porque no quieren o, peor, porque tú mismo no te ves y aceptas esa situación.

La culpa no es de ellos, la culpa no es tuya, no existe culpa sino responsabilidad, y esa es sólo tuya, de no abandonar a tu alma en medio del camino.

Tu alma es tu luz.

Tu alma es tu vida.

Y depende de ti orientar esas relaciones, poner límites, aprender a decir que no, aprender a decir no sé, no puedo, no tengo. Aprender a interiorizar, a mirar hacia dentro de ti mismo y buscar tu lógica. Buscar tus opciones, tus propias opiniones y tu elección.

Aprender a ser y a compartir lo que eres con los demás.

Y, fundamentalmente, a que respetes lo que los demás son y escogen hasta el más ínfimo detalle.

Sólo en ese momento estarás en contacto con esa fuerza oculta, inmensa. Y, cuando la conozcas bien, te vas a acostumbrar a llamarla tu luz.

JESÚS

72

Mi amor

Dales mi amor.

Es sólo eso. Dales mi amor.

Dales el amor que recibes de mí.

Haz lo que sea necesario para que mi amor venza en tu pecho.

Haz lo posible por retirar la densidad, las memorias, las emociones negativas y destructivas.

Cuida para que no haya rabia, odio, envidia o dolor en tu sistema emocional.

Ve al dolor las veces que sean necesarias, desactiva la memoria, y después sube. Cuando llegues aquí, cuida para que vengas leve, fresco y cristalino.

Para que mi amor entre bendecido, para que mi amor pueda abarcar el mundo entero a través de tu vibración.

Y cuando salgas a la calle, cuando hables con las personas, cuando estés donde tienes que estar en tu día a día, el amor inmenso que tengo por la humanidad va a brotar de ti e invadirá la tierra entera.

Y vas a saber que fui yo.

Vas a saber que fui yo quien invadió las calles y las almas de las personas.

Y todo quedará más claro.

Y todo quedará más limpio.

Y todo quedará con la vibración del cielo, que es la única manera que el hombre tiene de volver a casa.

JESÚS

73

Paz

Existe una paz que sólo se alcanza cuando las decisiones que tomas son las más correctas.

Más correctas para ti, naturalmente.

La mayoría de las personas suelen tomar las decisiones en base a la idea de lo que "tiene que ser", "no hay otra hipótesis" o "realmente tengo que hacer esto". Son decisiones empujadas por la mente, por el ego controlador y siniestro, que huye de tu alma pues tiene miedo de la fuerza que ella tiene.

Repito: cuando son tomadas respetando la energía original, las decisiones tienen una fuerza tremenda. Porque todo está en su lugar cuando una persona se respeta, cuando una persona sabe que lo que es mejor para ella puede no ser lo mejor para los demás.

Siempre que tomes una decisión, haz lo siguiente: aunque sea por un segundo, cierra los ojos y siente tu pecho. Más que eso. Siente tu intuición. Algunas veces el pecho sufre con las decisiones que nuestra intuición nos dice que tenemos que tomar. Siente a tu intuición.

¿Hay paz? ¿Hay coherencia energética? ¿Hay aquel sentimiento tan antiguo de que "todo está en su lugar"?

Si sí, es correcta. Es tu decisión más acertada.

Si no, ya sabes lo que tienes que hacer.

Jesús

74

Intuición

¿Sabes cómo es que los pingüinos saben que llegó la hora de migrar?

Cuando están andando y el hielo se parte bajo sus patas.

Están andando, como de costumbre, y sienten el hielo romperse.

Y ese acontecimiento, ese minúsculo y curioso acontecimiento, consigue cambiar la vida de millones de pingüinos, que a partir de ese momento saben que llegó la hora. Llegó la hora de partir para lugares aun más inhóspitos para continuar con la aventura anual de la procreación.

Es así hace millones de años. El hielo se rompe y ellos parten. Para sólo volver tiempo después con un hijo más, un espécimen más de su raza. Es así hace millones de años. Y así continuará siendo.

El hombre tiene capacidades intuitivas extraordinarias. Consigue intuir la hora de las cosas, incluso antes de que el hielo se rompa bajo sus pies. Aun antes de que algo ocurra, el ser humano es capaz de intuir que ha llegado la hora.

Y es así hace millones de años.

Pero el hombre juzga.

El hombre escoge creer que no es capaz, y aunque sea capaz, que la intuición no es cosa buena.

Por eso tapa. Por eso bloquea.

El hombre bloquea su capacidad más magnánima.

Su capacidad de andar antes del tiempo y de cuidar para que todo pueda ocurrir como tiene que ocurrir, por el simple hecho de que él lo haya intuido.

El hombre tiene tendencia a bloquear no sólo esa, sino casi todas sus capacidades.

"Yo no soy capaz".

"Yo no lo merezco".

"Esto es demasiado bueno para mí".

Son frases que, dichas millones de veces, corren el riesgo de hacerse realidad.

Cree en tu intuición. Ella es poderosa y transformadora.

Puedes no creer en nada más, pero cree en tu intuición.

Puede ser que ella no cambie el mundo, pero con seguridad cambiará tu mundo.

Y eso ya es más que suficiente.

Jesús

75

Esfuerzo

No se puede hacer nada en esfuerzo.

Siempre que te esfuerzas, cortas el canal con el cielo.

El esfuerzo es lo contrario de la levedad. Y ésta es producto de aquí arriba.

El esfuerzo es denso, la levedad está hecha de luz.

Siempre que algo pide tu esfuerzo, es porque no está completo y necesita de recursos adicionales.

Y ¿por qué necesita recursos adicionales?

Porque por la mágica y tranquila naturaleza de las cosas, simplemente no tiene que ocurrir.

El agua corre, fácilmente, limpia y clara por la cascada, y cuando cae, continúa corriendo y cantando.

Así es la vida.

Si comprendieras que lo que se hace con esfuerzo no tiene que ser hecho... si comprendieras que la vida tiene un orden que tienen que ser respetado... Empezarías a esforzarte menos y a aprovechar más.

Y tu vida, de un momento a otro, pasará a ser una vida con el placer de ser vivida.

JESÚS

76

Enemigos

Normalmente, cuando una persona te molesta, lo más natural es que pienses mal de esa persona. Que podría haber hecho esto o aquello. Que podría haber dicho las cosas de otra manera. Que ella podría haber tenido más calma.

Todos esos pensamientos son parte del fenómeno del "juicio".

Tú querías que la persona hiciese o dijese todo a tu manera.

Que te convenciese.

Que te dejase cómodo.

Pero el Universo no es así.

El imán que tienes en el pecho, ese poderoso sensor energético que atrae todo lo que es para ti, de las formas más variadas, ese imán va a atraer naturalmente algo o alguien de quien necesitas para vivir las emociones que vengan de ahí.

Hasta ahí pienso que ya lo sabes.

Lo que tal vez no sepas es que todas las situaciones que atraes tienen como emoción principal la misma emoción que viviste en otras vidas y en tu infancia.

¿Qué quiere decir esto?

Que esta persona o situación que está ahora en frente de ti tienen la llave de tu más recóndito secreto. Tiene la llave de tu karma.

Si aceptas que esta persona o situación forma parte de tu vida, que ha sido atraída por ti para que puedas hacer soltar esa emoción y que esa es la prioridad absoluta…

Que ella está delante de ti para ayudarte en tu prioridad…

Que está ahí, para bien o para mal, para hacer saltar tu densidad…

Entonces ella sólo puede ser un alma compañera, de aquellas con las que aun en la nube, antes de reencarnar, intercambiaste las más increíbles confidencias.

Ella sólo puede ser un alma amiga.

Si paras de juzgarla, de culparla por lo que ella te ha venido a hacer sentir…

Si paras de juzgarla y entiendes que ella ha venido a ayudarte....

Inmediatamente retirarás el enfoque de ella y de lo que ella te hace pasar y lo transferirás hacia tu pecho, que está indeciso entre procesar una emoción enorme o bloquearla para siempre. Cuando la mente manda en el corazón, ocurren casos de estos.

Y al colocar la concentración en ti, en tu pecho, vivirás un dolor tremendo, del que habías estado huyendo.

Pero después de pasar el dolor —porque siempre pasa—, ganas una dimensión más en tu vida.

Cada vez que se sobrepasa un bloqueo, se avanza una dimensión en la luz.

La próxima vez que mires a la persona que te causó dolor, sabrás que fue una lección.

Y sabrás responder.

Y sabrás agradecer.

Con la lección aprendida.

JESÚS

77

Querer

Los pies se hicieron para andar
   —Deja de querer andar;
   Las piernas se hicieron para sostener tu estructura
   —Deja de querer sostener tu estructura;
   La espalda se hizo para sostener el mundo
   —Deja de querer sostener el mundo;
   El esqueleto se hizo para sostenerte de pie
   —Deja de querer sostenerte de pie
   El estómago se hizo para sostener el alimento
   —Deja de querer sostener el alimento
   El alimento se hizo para dar energía al cuerpo
   —Deja de querer dar energía a tu cuerpo
   El cuello se hizo para sostener el cerebro
   —Deja de querer sostener tu cerebro;
   El cerebro se hizo para sostener al ego
   —Deja de querer sostener tu ego
   El ego se hizo para sostener el control
   —Deja de querer sostener el control.
   El control se hizo para apartar el miedo
   —Deja de querer apartar el miedo;
   El miedo se hizo para incentivar el "yo quiero"
   —Deja de querer incentivar el "yo quiero"
   El "yo quiero" se hizo para huir del dolor
   —Deja de querer huir del dolor.

Jesús

78

Submundo

La abundancia es llenar el submundo de luz.

La luz no se encuentra sólo aquí arriba.

No basta con subir.

El submundo de cada uno deberá ser visitado, y vuelto a visitar, un sinnúmero de veces, hasta que la luz empiece a entrar.

Pero la verdad es que cuanto más se visita el submundo particular, cuanto más se vuelve a visitar esa prueba densa de la humanidad, cuanto más se va al monstruo marino de cada uno, más la tierra se va elevando como un todo.

Cuanto más se visitan las tinieblas con la intención de liberarse de ellas, de dejarlas ir incondicionalmente, mayor será la luz alcanzada.

En la ascensión...

No hay llamada que no tenga respuesta;

No hay error que no tenga perdón;

No hay exceso que no tenga compensación;

No hay karma que no tenga coraje;

No hay dharma que no tenga luz;

No hay paso que no tenga un camino;

No hay tierra que no tenga vacío.

JESÚS

79

El camino

Las personas tienen tendencia a, cuando hacen preguntas al cielo, percibir las respuestas como si todo fuese siempre a ir bien.

No están preparadas para las pérdidas. No están preparadas para los engaños. No están preparadas para la realidad.

Consideran que, sólo porque el yo superior o las señales mostraron que el camino es por ahí, nunca más habrá percances, nunca más habrá encrucijadas.

Nada más falso.

Cuando el cielo muestra una vía, puede ser la mejor vía, puede tener que ver con tu energía original, puede ser el camino de la evolución.

Puede ser todo eso.

Pero si tienes que vivir algo, y no estás disponible para esa vivencia, las pérdidas estarán en ese camino de luz.

Nuestro camino es apenas un camino. Es el más correcto, es el original, es la vía exacta.

Pero no deja de ser un camino.

Y como tal, tiene curvas, tiene obstáculos, tiene piedras.

No te olvides: todo en la materia es dual. Lo bueno y lo malo, en la misma proporción.

Pero ese camino tendrá una ventaja que ningún otro tendrá.

Él es tuyo.

Y todo lo que tu alma viva en ese recorrido, todo aquello por lo que tengas que pasar, siempre que no abandones el camino, todo eso será de gran valía para tu evolución.

Esa es la ventaja. Yo nunca dije que vivir era fácil.

Pero en un camino contrario a la evolución, en un camino que no tenga tu energía, todo se hace aún más difícil.

Por eso, escoge tu vida, la tuya, la que tiene tu color y tu textura. Y sigue caminando. No te olvides de sentir, nunca. Dejar de sentir te retira automáticamente de tu energía.

Y ese camino, a pesar de los aprietos, de los desvíos y de las confusiones, tiene una ventaja que ningún otro algún día tendrá.

Ese camino viene a dar a mí.

JESÚS

80
Simple

¿Hace cuánto tiempo que no agarras una flor silvestre y te quedas, simplemente, mirándola?

¿Simplemente mirando una flor que es simple?

¿Hace cuánto tiempo no haces eso?

En vez de vivir en el pasado, en las gigantes amarguras de las elecciones equivocadas, y de lo que las personas supuestamente te hicieron...

En vez de vivir en el futuro, en la ilusión vil de lo que aún vas a hacer, y de lo que aún vas a ser.

Simplemente agarrar una flor y quedarte apenas mirándola.

Sin pasado ni futuro, sin planes ni ambiciones, sin dolor o resentimientos.

Simplemente ahí, mirando a una flor simple.

Sin cargas emocionales, sin dilemas, sin proyecciones o aplazamientos.

Nada.

Sólo ahí. Mirando, simplemente.

¿Hace cuánto tiempo?

Ese es el secreto de la vida.

Encontrar cosas que te hagan parar el tiempo o encontrar tiempo para parar las cosas. Para simplemente mirarlas.

Para simplemente estar.

Para simplemente ser.

JESÚS

81

Viaje interior

Es en el ser humano. Toda mi acción está centrada en el ser humano.

Cada palabra mía, cada indicación.

Es de él que hablo, es con él con el que me preocupo, es a él a quien dedico todo.

Es en el ser humano. Toda mi acción está centrada en el ser humano.

Cada palabra mía tiene como inspiración el sufrimiento de los hombres y su incapacidad de liberarse de él.

En la búsqueda de la felicidad, el hombre cruzó barreras, construyó monumentos, cruzó los mares nunca antes navegados, el hombre fue a la luna, vagó por las estrellas, construyó mecanismos que muestran las galaxias.

En busca de la felicidad, el hombre buscó fuera, siempre fuera.

La felicidad es la capacidad del hombre de entrar dentro de sí mismo y asustar al "coco", enfrentarlo con la cabeza erguida.

No es tapándolo. Es enseñándolo y enfrentándolo.

Aún han de construir una nave que haga un viaje al más profundo interior del "yo".

Y tú, ¿quieres venir conmigo?

JESÚS

82

Inversión

Se han cambiado todos los conceptos.

Toda la humanidad redujo sus esfuerzos y provocó un aumento de densidad.

La tierra ya no obedece al cielo.

Todo lo demás está invertido.

No tiene valor. No tiene futuro.

Es el momento de reorientar los esfuerzos, de reformular las divisiones.

Revertir lo que se hizo. Reformular lo que causó el error.

Ir al opuesto. Redefinir.

JESÚS

Conexiones energéticas

Todo lo que haces implica una consecuencia. Todas tus acciones tienen sus consecuencias.

Por más ingenua que sea la acción que practiques, la consecuencia no tardará en llegar.

Por más ínfimo que sea el desvío, hay que volver a armonizarlo siempre.

Piensa en lo siguiente:

El Universo es energéticamente perfecto. Todo en este preciso momento está donde debería estar —para cumplir la misión a la que fue destinado.

Cuando el hombre mueve el estado natural de las cosas está desarmonizando lo "no desarmonizable". ¿Qué quiero decir con esto? Que, por más que no quieras, lo que salió del lugar tendrá que volver a ser colocado ahí.

Inexorablemente.

Por eso, cuando hagas algo de mal a alguien por más simple y pequeño que sea, piensa que vivirás, más pronto o más tarde, lo que esa persona vivió, para volver a armonizar ese eje de emociones: hacer mal —sentir el mal.

Aun cuando estás supuestamente jugando, cuando te burlas de alguien, de alguna minoría, piensa que habrás de estar en su lugar, y ser burlado, más pronto o más tarde. La naturaleza nunca falla.

Por eso mira las conexiones energéticas que te atan a las personas a las que has hecho mal, o las cosas menos agradables que provocaste. Si es posible corregirlas, corre.

Vuelve tú mismo a armonizar, antes de que la vida te envíe una situación desagradable en forma de rearmonización.

Si no es posible corregirlas, intenta esparcir amor y luz a tu alrededor, para que la energía que te rodea reconozca que cambiaste y te ahorre el retorno de los acontecimientos.

Jesús

84

Ego

Yo siempre te he dicho que el ego era el peor de los males. Es el ego quien te enseña a querer y a luchar por cosas que energéticamente no son para ti.

Es él quien da y "desdá" las órdenes dentro de tu cerebro. Es él quien te hace vibrar por la restricción y por el miedo.

También es él quien fabrica una burbuja de ilusión a tú alrededor, para que creas realmente en lo que quieres creer:

Que vas a ser feliz, que no escuches a esa insatisfacción creciente que vive en tu pecho.

Que en el día en que tengas ropa nueva, un ordenador nuevo, un coche nuevo, una casa, en fin, cuando tengas aquello que realmente mereces, serás feliz.

Y cuando te cansas de esperar, él te convence para que no pares, te convence de que está casi…

"Trabaja arduamente sólo un poco más, tapa lo que sientes sólo un poquito más, lucha sólo un poquito más".

Y ese poquito no acaba nunca.

Pero el ego insiste en que la resistencia y la lucha son la única vía.

Él no te deja ver que la resistencia y la lucha no son ninguna vía, o mejor dicho, son la vía para el mantenimiento del equivoco energético en el que te metiste.

La gran vía no es la resistencia y la lucha.

Es lo opuesto.

La gran vía es la aceptación y el gozo.

Acepta la situación en la que te encuentras y empieza a dejar fluir el flotador para que la corriente te lleve a buen puerto, de modo que consigas encaminarte hacia lo que está reservado para ti, en esta encarnación.

JESÚS

85

Elección

Tú puedes escoger siempre. Escoger entre ir hacia donde Yo o el yo superior te sugerimos —un lugar donde estarás protegido y a salvo—, o ir para el lugar que te apetezca, pero donde no estarás protegido. Yo no voy a cambiar la energía de los lugares sólo para que tú te quedes bien.

Las personas tienen que entender que el Universo no cambia para su beneplácito. O descubres hacia donde va el Universo y vas también, o vives experiencias traumáticas.

Ir adonde el Universo se dirige es una meta ecológica.

Meta ecológica puede significar que lo que tú quieres está de acuerdo con el Universo. O porque coincidió que estuvieras de acuerdo o porque te conectas, recibes y aceptas nuestra sugerencia y actúas de acuerdo con ella.

Y ahí estarás protegido. Estarás protegido porque lo que estás haciendo está de acuerdo con la energía original. La gran sabiduría de la vida en la tierra sería la de vivir única y exclusivamente en función de la energía original. No habría pérdidas, no habría traumas.

Pero lo contrario también te hace bien. Ves cosas jamás imaginadas, pasas por choques emocionales intensos. En el conflicto también se evoluciona.

Sin embargo, aun sin tanto sufrimiento podrías haber evolucionado.

Bastaría que me hubieses escuchado.

JESÚS

86

Rituales

Algunas veces la energía es muy densa. Los rituales son ancestrales. Se han hecho tantos rituales en beneficio del ego, en beneficio de lo que las personas querían...

Querían lluvia, hacían rituales. Querían hacer mal a alguien, hacían rituales.

Iban a entrar en guerra, hacían rituales. Todo por la supervivencia del espíritu inferior. No había ninguna intención de evolución en las prácticas ancestrales. Había sólo instinto de supervivencia.

Los espíritus menores se aproximaban. Como era fácil dar a los humanos lo que ellos querían, esos espíritus se lo intercambiaban. Proporcionaban resultados, tales como la lluvia, victorias o la desgracia de alguien, y a cambio se iban quedando, se iban apoderando del mundo espiritual próximo a la materia, iban creando raíces.

Ahora dominan el éter próximo a la tierra.

Hoy en día, hay locales y personas que están agotados, ya que tienen la energía de los que insistieron en ese tipo de evocaciones.

Todo por el bien propio.

Contrario a la evolución.

JESÚS

87

Esencia

Tú esencia te está siempre esperando.

Está siempre esperando que pares de mirar a los demás.

Está siempre esperando que pares de mirar inclusive hacia mí.

Está ahí, esperándote a ti, para conseguir ser.

Para conseguir darte fuerza para que vibres por tu energía original.

Tu esencia es un ser de luz, confinado a la estructura física de tu cuerpo.

Ella quiere ser libre, ella quiere volar, ella quiere más que la vida limitativa que tú le quieres dar.

Ella quiere dejar su luz, su inmensa luz, abrazar el mundo y encantar a todos con su enorme convicción.

Pero para eso la tienes que conocer.

Para eso la tienes que comprender y aceptar.

La tienes que intuir y buscar.

Tienes que entender que ella eres tú en tu estado más puro, en el estado más original. Tienes que sentir que ella eres tú cuando aún eras un ser de luz y estabas con nosotros aquí arriba compartiendo la inmensidad de los cielos.

Sólo en ese momento, cuando comprendas la grandiosidad de tu propia esencia, sólo en ese momento, cuando entiendas cuanto de energía sagrada y única tiene, es cuando podrás comprender el verdadero ser de luz que tú eres y lo que fuiste a hacer ahí abajo, a la tierra.

JESÚS

88

Responsabilidad

Tú no eres responsable de nadie.

No hay nada en este mundo que te obligue a salir de tu centro.

No hay nada en este mundo que te obligue a colocar a los demás en primer lugar.

¿Sabes por qué hay tanta gente que simplemente no consigue meditar? Porque cuando cierran los ojos y miran hacia su pecho, ahí dentro, están tantas otras personas, tantas otras obligaciones, aquel pecho pesa tanto.

Las personas acaban por quedarse angustiadas y paran de meditar. Lo que ellas deberían hacer es retirar toda esa carga de responsabilidad de su pecho. Comprender que no son responsables de nadie.

Cada uno viene aquí abajo a cumplir su designio, y si otro toma su lugar, esa persona es impedida de limpiar su karma.

Quien se responsabiliza por los demás o siente culpa por no cuidar de ellos, es porque no se da cuenta del mal que les está haciendo.

Está retirándoles la responsabilidad de que limpien su karma.

Está retirándoles la responsabilidad del libre albedrío.

Está retirándoles la iniciativa.

Está retirándoles la esencia.

Y, en último lugar, está retirándoles la luz.

Al responsabilizarse por otra persona, está huyendo de sí mismo, está huyendo de su esencia.

Y, en último lugar está huyendo de su propia luz.

¿Entiendes, ahora?

Jesús

89

Mentira

¿Por qué es que las personas mienten a los demás?

¿Por qué es que las personas se mienten a sí mismas?

Por un motivo muy simple. Es extremadamente incómodo encarar la realidad.

Es muy grande la incomodidad de tener que confrontar a una persona con lo que ella no quiere aceptar. Pero, ¿como es que eso se da?

Pues bien, vamos por partes.

Mentirse a sí mismo es la peor de todas las mentiras; es aquella que reduce al ser humano. Aquel ser que no se acepta, no acepta sus limitaciones y deficiencias, no acepta que no es como los demás y, principalmente, no acepta que no tiene que ser como los demás ni como los demás esperan que él sea.

Ese ser vive en un conflicto interno permanente. Ese ser nunca será feliz. Crea la ilusión —y cree en ella— de que es aquello que es más cómodo para sí mismo, sin preocuparse de cuidar de lo que está haciendo a su energía original.

Después hay los que mienten a los demás.

Ese ser es apenas cobarde. Yo no estoy diciendo que debes contar todo de tu vida a toda la gente; si no lo quieres contar, no lo cuentes. Todo ser humano debería cultivar algo de misterio. No hay mal ninguno en eso.

Pero mentir, hacer pasar por verdadera una afirmación falsa, eso sí que no.

Puedes apenas decir que no quieres hacer comentarios sobre ese asunto, o que no te apetece hablar.

Pero mentir, nunca.

No olvides que todas tus acciones atraen consecuencias. Y la mentira, a partir del momento en que es una manipulación energética de la verdad, trae siempre consecuencias de manipulación.

Y dudo que esas consecuencias sean de tu agrado.

JESÚS

90

Ascensión

Existe un conflicto interior que es la clave de la rueda de las encarnaciones.

El ser desciende y se encarna por estar preso a la rueda de las encarnaciones.

Está preso por el hilo del conflicto.

En cuanto haya conflicto interior, en cuanto el ser no se pacifique con sus propios opuestos, no conseguirá ascender y consecuentemente salir de la rueda de las encarnaciones.

Perder un conflicto es comprender que el mundo está hecho de opuestos. Perder un conflicto es creer, por más difícil que sea, por más abrupta que parezca esa realidad, creer que esos mismos opuestos pueden coexistir.

El día que creas que dos cosas diametralmente opuestas pueden coexistir...

El día que creas que puedes tener tus opiniones y el otro puede ver el mundo de otra manera y tener sus propias opiniones...

El día que dejes de juzgar que tus opiniones son ciertas y que las del otro están equivocadas, y comprendas que son apenas dos opiniones...

Apenas dos opiniones, apenas dos formas de ver la vida.

Apenas dos opuestos del mismo eje.

Y que ninguna es mejor ni peor que la otra.

Porque en la vida caben esas dos maneras de ver el mundo, pero caben muchas más.

Y todas son correctas. Y todas son viables. Y todas son posibles.

El día que tú mismo, dentro de tu pecho, dejes coexistir dos emociones antagónicas, por el simple motivo de que existen y punto, sin juzgarte, sin pensar que una emoción es mejor o peor que la otra...

El día que consigas vibrar por esta frecuencia tan alta y tan improbable para un ser humano...

Ese día, el conflicto será abolido.

Y estarás preparado para ascender. Estarás preparado para soltarte de la rueda de las encarnaciones; para venir aquí arriba a sentir otro tipo de energía.

Viniendo aquí arriba puedes continuar tu evolución en otros paraderos.

JESÚS

91

Perfección

La perfección no existe. Y, como no es un objetivo, no puede ser una meta.

Tú sólo puedes querer llegar a un lugar que sea acogedor, confortable y ligero.

No es habitual que el ser humano quiera ir a un lugar sin armonía y sin equilibrio.

La perfección es eso. Es un estado de exigencia, de estrés, de angustia y depresión.

Es un lugar en el que el ser humano deposita demasiadas expectativas, pero es al mismo tiempo un lugar desconocido, pues al no existir, nadie ha estado nunca allí.

A no ser por breves instantes.

El problema es que los hombres no tienen esto en cuenta.

Quieren ser perfectos.

Luchan para ser perfectos, juzgan todo lo que es imperfecto quitándole todo su valor.

El hombre no entiende que:

El cielo es perfecto.

El Universo es perfecto.

El cielo alberga seres de luz.

El mundo alberga hombres, seres imperfectos en busca del camino de la evolución. ¿Y cómo van a evolucionar?

Entrando en contacto con la imperfección del mundo, y por estar en conflicto con esa misma imperfección, para conseguir evolucionar, conseguir avanzar.

Ahora imagina que el ser fuera perfecto. No existiría conflicto, y siendo el conflicto por lo que se evoluciona, no habría evolución.

Sería todo perfecto, la experiencia en la tierra nunca habría existido. ¿Y ahora? ¿Qué hay que hacer?

Es necesario hacer las paces con nuestra propia imperfección.

Aceptar que no somos perfectos, ni tenemos que serlo.

Debemos, eso sí, hacer lo mejor que sepamos, de la manera más responsable.

Solamente.

Y sólo por eso, yo, desde aquí arriba, ya me quedo muy feliz.

Jesús

92

¿En nombre de qué?

¿En nombre de qué?

Sí, esta es mi pregunta. Tu naces, creces, vas al colegio, escoges una profesión, escoges compañeros, te enamoras, te casas, tienes hijos, trabajas. Aguantas la presión de los padres, aguantas la presión de los compañeros, aguantas la presión de los hijos, aguantas la presión de los jefes, aguantas la presión del dinero, aguantas la presión de la sociedad.

Y esta es mi pregunta:

¿En nombre de qué?

¿En nombre de qué trabajas en aquello que no te gusta, aguantas a padres autoritarios?

¿En nombre de qué soportas las exigencias de compañeros que no te aceptan como eres?

¿En nombre de qué aceptas las exigencias de tus hijos para que seas el padre o la madre que ellos esperan?

¿En nombre de qué?

¿En nombre de qué aguantas las vicisitudes de una carrera que no te lleva a ningún lado?

¿En nombre de qué dejas de viajar, dejas de hacer las cosas que llenan de energía tu alma?

¿En nombre de qué te dejas atar a una vida estéril y sin futuro, sin perspectiva y sin realización?

¿En nombre de qué?

¿En nombre de qué pones los sueños en un cajón, persiguiendo ávidamente la seguridad aunque nunca la alcances?

¿En nombre de qué empeñastes un futuro risueño y radiante, fruto de la energía de tu esencia?

¿En nombre de qué encogistes tu esencia, ignorastes tu alma y cristalizastes tu energía?

Yo sólo pregunto eso.

¿En nombre de qué?

JESÚS

93

Parar

Eres tú quien atraes todo. Cada evento, cada momento. Todo lo que sucede es provocado por la energía que tú emanas.

Algunas veces de forma consciente, otras veces inconscientemente, pero todas tus actitudes, pensamientos, acciones, reacciones, todo y cualquier momento tuyo, está impregnado de una energía.

Y esa energía te sale por los poros. Por los chakras, por los ojos.

Cada una de tus intenciones tiene una energía. Cada uno de tus instantes contenidos emana una fuerza.

Tu vida, todo lo que te ocurre, hasta el más ínfimo detalle, todo es solamente la respuesta a esa energía tan personal y única que estás enviando al Universo.

Si un día parases todo... parases de actuar, de reaccionar, de pensar, de racionalizar, de juzgar, si un día parases todo en tu vida...

Si parases todo y te quedases simplemente así, quieto, sintiendo.

Ese día dejarían de suceder aquellas cosas que te han estado perturbando en los últimos años. Ese día, en el que pararías de emanar energía conscientemente, sólo quedarían los acontecimientos que responden a tu energía inconsciente.

Esa energía inconsciente, la que emanas sin estar haciendo nada, es la memoria más pura de vidas pasadas. Esa energía sólo trae acontecimientos que realmente tienes que vivir para liberarte de la emoción que te provocan.

¿Y después?

¿Y después de que pares de emanar energía consciente y limpies la inconsciente?

No sobraría más energía que emanar. No habría acontecimientos resultantes de energía emanada.

En ese momento, y sólo en ese momento, comenzarías verdaderamente a vivir.

Sólo en ese momento tendrías tranquilidad para hacer tus propias elecciones sin estar dependiendo de las emociones instintivas e inconscientes.

En resumen:

Tus acciones conscientes están determinadas por la energía de la memoria inconsciente.

La energía de esa memoria es emanada para, como consecuencia, atraer nuevamente eventos que traen emociones que tienes que vivir.

Sólo cuando pares ese movimiento (de las acciones conscientes) es cuando accederás a la energía subconsciente para limpiar las memorias. Al limpiar, te liberas de la energía inconsciente e instintiva.

Al empezar de nuevo a actuar, como modificaste tu energía, las consecuencias serán otras, mucho más verdaderas y claras, mucho más limpias y ligeras.

Esta es la mecánica de la atracción. Esto es lo que debes entender si quieres cambiar de vida.

JESÚS

94

Hacerse la víctima

Un niño llora para llamar la atención. Y de esto no hay duda, es incuestionable.

El niño llora porque tiene miedo del dolor, tiene miedo de lo que duele, de la presión en el pecho.

El niño llora y con su llanto llama la atención de todos.

El niño es una víctima.

Cree que alguien es responsable por su malestar y espera que alguien venga a aliviarlo.

Siempre los demás.

El niño se cae, se golpea el brazo con la mesa, pero no se responsabiliza. La culpa es de la mesa.

Y así continua, llorando, pataleando, a la espera de que alguien le venga a mimar, a eximir de la responsabilidad de toda y cualquier acción, dándole amor y cariño.

El niño recibe amor y cariño cuando llora. Recibe consuelo. Recibe protección.

Pero el niño crece. Y curiosamente la lógica no cambia. El niño crece y, ya adulto, continúa quejándose, lloriqueando por culpa de otros. De los "malos".

De los que supuestamente le han hecho daño.

Este niño grande, quiere atención.

No se responsabiliza por sus acciones. No se responsabiliza por nada de lo que le sucede.

No quiere ver que las personas sólo atraen lo que ya vive dentro de su pecho.

Quien trae violencia, atrae violencia.

Los "malos" no existen. Todas las personas, todos los acontecimientos, sin excepción, son atraídos por tu energía.

Ellos no son malos. Son vehículos de los que el cielo se sirve para hacerte vivir lo que tienes que vivir.

Y en vez de entender eso de una vez por todas, en vez de escoger cambiar tu energía y responsabilizarte por cada evento que atraes, aunque sólo sea para limpiar tu pecho de esa frecuencia y dejar de atraer esos eventos, en vez de eso, culpas a otros, lamentas tu suerte y te haces la víctima.

¿Quieres atención?

Ese niño ahora ha crecido y deberá cambiar de actitud, madurar y tomar las riendas de la vida que escogió para este viaje.

¿Quieres atención?

Cambia, interioriza, medita, encuentra tu esencia, tu verdad interior, ven aquí arriba a buscar mi amor incondicional, y recibirás toda la atención que hay en esta vida.

JESÚS

95

Entra

Entra en cada persona.

Entra ahí dentro.

Pon tu conciencia dentro de su corazón.

Coloca tu mente dentro de los ojos de cada uno de ellos.

¿Qué es lo que ellos ven?

¿Cómo ve cada uno de ellos esta vida, este mundo, cómo te ve cada uno a ti?

Si es un amigo, mira todo por sus ojos.

Quédate ahí un poco, en meditación.

No tengas miedo de involucrarte.

No tengas miedo de salir de tu puesto, de tu lugar duro e insensible. Ve allí y mira todo por sus ojos. Por los ojos de quien ellos son.

¿Qué desean las personas?

¿Qué les haría vivir mejor?

Yo no he dicho vivir más cómodamente. Olvídate de la comodidad. Yo he dicho vivir mejor. Con más calidad, con más tranquilidad.

Con más alma.

¿Qué habría que hacer para que esas almas pudiesen salir a regocijarse de su existencia?

Tú lo puedes saber.

Tú puedes ayudar.

Sólo hay que observar, desde ahí, cómo el mundo funciona cuando mejora.

JESÚS

96
Quiere

Quiere a las personas. Quiere a cada persona. A sus almas.

Y si no quieres a alguien, si piensas que ese alguien tiene muchos defectos, te desafío a que encuentres sus cualidades.

Te desafío a que encuentres el alma de esa persona, a que percibas que atrajiste a esa alma y ella te atrajo a ti y esto, con seguridad, no ocurrió por casualidad.

Sea lo que sea que vinieron a hacer a la tierra, vinieron a hacerlo juntos. Y aquí, habiendo cosas por cumplir, es mejor hacerlas con calidad, con armonía y con sinceridad.

Ama a las almas de las personas, ayudándolas a desistir de la resistencia y a abrir camino a la aceptación.

Conversa, como amigos, sobre tus puntos de vista y haz alianzas personales en las que ambos ganen. En las que ambos se vean ganando.

No hay alma que no quiera armonía.

No hay alma que no quiera amor.

No la hay.

JESÚS

97

Siéntete triste

Cuando alguien a quien quieres mucho te haga daño...

Siéntete triste.

Entra en contacto con tu dolor, por las almas que no se consiguen entender.

Siéntete triste, solamente.

Si estuvieras muy triste, llora. El llanto que venga será bienvenido.

Y muestra tu tristeza. Explica cómo eso te duele, y cómo sería mejor si se resolviese.

Invita a esa alma a abrir su corazón. Sin rencor. Sin juicio.

El juicio es lo que normalmente estropea las relaciones.

La persona no abre su corazón porque juzga al otro.

Y como juzga al otro, piensa que el otro también lo juzga a él.

Y se enfada.

Y juzga aun más y el círculo vicioso se alimenta de una manera drástica.

Ese es el círculo del dolor.

Después de que muestres cuánto te duele, pídele a esa persona que abra su corazón, por ti.

Que se armonice, por ti.

Que se interiorice, por ti.

Y vas a recibir un favor.

Y vas a saber siempre que aquella persona hizo aquello por ti.

Y lo vas a agradecer.

Y vas a saber que las personas hacen cosas por ti.

Y vas a recibir siempre.

Y vas a agradecer siempre.

Y ellas lo van a sentir, y lo van a hacer aun más, y lo vas a agradecer aun más.

Y este es el círculo de la felicidad.

JESÚS

98
Baile

Intenta descubrir cual es el tango que bailan las personas.

El oprimido ya era oprimido aun antes de atraer al opresor.

Y el opresor ya lo es antes de atraer al oprimido.

Cuando ellos se atraen, visto desde fuera, parece increíble, cómo aquella persona puede oprimir tanto a la otra.

Pero no es así. Ellas encajan y bailan un tango.

Y (les gusta decir) el tango sólo puede bailarse a dos.

Nadie consigue bailar un tango solo.

Sólo hay que entender la lógica de cada uno.

Entre dos personas hay siempre áreas en las que convergen y áreas en las que divergen. Forma parte del libre albedrío y de la memoria de ambos escoger el área buena, el área que tiene luz, para compartir esta vida.

Pero pueden escoger el área densa que las une. Y multiplicarla hasta la saciedad.

La elección es de cada uno.

Si consigues comprender los polos de cada uno, si consigues descubrir el "tango" que cada uno baila, después basta con desmontar esa falacia.

Cuando cada uno entienda que encaja en la memoria kármica del otro, y que puede escoger salir de ahí, puede ocurrir, puede realmente ocurrir que los dos consigan ganar conciencia y salir de ahí cogidos de la mano.

JESÚS

99

Amor y miedo

¿Cuál es la energía que te hace avanzar?

¿El amor o el miedo?

En realidad, ahí abajo en la materia, sólo existen estas dos frecuencias.

Y la única cosa que tienes que hacer es escoger.

Escoges el amor o escoges el miedo.

Escoges vibrar por mí o escoges vibrar por la oscuridad.

¿Echas de menos a alguien? Vibra por el amor.

Cuando echas de menos a alguien y ese sentimiento duele, aun en el dolor puedes vibrar por el amor.

¿Cómo?

Es simple.

Cuando vibras por el lado negativo, por la falta que esa persona te hace, cuando vibras por el dolor de no tenerla, estás vibrando por el miedo.

Miedo de perderla.

Miedo de no tenerla.

Si escoges vibrar por mí, por el amor incondicional que el cielo te da, piensa solamente cuánto la amas, aunque ella esté lejos.

Siente ese amor, profundamente.

Y quédate así, sólo sintiendo ese amor.

Vas a notar que tu pecho se llena de luz, y toda la tristeza se va.

Cuando, debido a algo que sucedió, estás triste, herido, estás infeliz y angustiado...

Eso es vibrar por el miedo. Tienes miedo de sufrir, y por eso rechazas el dolor que el acontecimiento te trae. Como consecuencia, rechazas el acontecimiento. Pero aun ahí, puedes escoger vibrar por el amor. Piensa que ese acontecimiento fue apenas un vehículo para provocarte algunas lágrimas. Y esas lágrimas estaban ahí, ya hace tiempo, pidiendo ser derramadas.

Este acontecimiento te ha venido a dar la oportunidad única de llorar, de que vivas un dolor que tal vez sea más antiguo de lo que tú crees.

Y como vibras por el amor, amas la conciencia que tienes hoy de que los acontecimientos tristes vienen para que podamos hacer lutos de tristezas antiguas.

Amas la conciencia.

Amas el Universo que te trajo el acontecimiento.

Te amas a ti mismo por entender.

Y, en último lugar, me amas a mí por enseñarte todo esto.

JESÚS

100

Me vas a escuchar

Cuando yo estuve ahí extendiendo mis mensajes de paz, fraternidad, amor y solidaridad, ocurrió lo que ocurrió.

Hubo escándalos, hubo quien aceptase mi palabra y me siguiese, hubo quien me ignorase y hubo hasta quien me maldijese.

Hubo quien me abofetease, quien se lavase las manos en relación a mí, hubo quien me azotase y quien me provocase.

Pero hubo quien me amase y hubo quien me perdiese, y esa pérdida dolió tanto que aún hoy duele.

Hubo quien nunca más se recuperase.

Pero, si te fijas bien, todo esto ocurrió en la materia.

Todo lo que pasó hace dos mil años fue del lado de fuera del hombre.

Unos hombres se reían de mí, otros lloraban por mí.

Pero nadie, ninguno de ellos, hizo nada por sí mismo.

Escucharon mis palabras, pero no las hicieron suyas.

Y es por eso que he vuelto.

Esta vez, quiero que las transformes en tus palabras.

No vengo como hombre. No vengo como forma de la materia.

Nadie más va a tener que mirar fuera de sí mismo para encontrarme.

Esta vez, vengo como energía. Vengo para encender el corazón de los hombres.

Quiero entrar en tu corazón. Quiero entrar y, al hacerte mirar hacia mí, vas a mirar dentro de ti.

Y me vas a escuchar dentro de ti.

Y vas a pensar que mis palabras son tuyas.

Que mis pensamientos son tuyos.

Y al amarme, vas a amarte finalmente.

Y en ese momento yo habré hecho mi mayor milagro.

JESÚS

101

Impotencia

Desde niño quieres cosas.

Cuando eras pequeño, querías tener muchos amigos, querías no tener que ir a clase, querías que los profesores no te molestasen.

En la adolescencia, querías que la persona que te gustaba correspondiese a tu amor, querías ser libre, tener tu espacio y que tus padres no te molestasen mucho.

Después, ya adulto, querías un buen trabajo, querías tener dinero. Y que tu jefe no te molestase mucho.

Cuanto más pasa la vida, más noto que quieres cosas.

Quieres ser reconocido, quieres ser diferente, quieres que las personas te acepten y te aplaudan. Y crees que eso sólo le ocurre a quien tiene poder.

Por tanto, quieres tener poder.

Sólo hay una cosa que te quiero decir:

Todo lo que ambicionas en esta vida, cada cosa que tu ego desea, sirve inconscientemente para hacerte sentir seguro.

Y ¿por qué quieres sentirte seguro? Porque no aguantas sentirte inseguro.

Es muy inquietante, muy doloroso.

Y ¿por qué las personas reaccionan tan mal a la inseguridad? Porque traen memorias de otras vidas.

La persona que desea tener poder en esta vida es porque trae consigo la memoria de haber tenido poder en otra vida. Y ese poder le traía seguridad.

O puede también traer la memoria de no haber tenido poder y, por eso, la vida ha sido muy difícil.

En esta vida, cuando se siente insegura, la persona inconscientemente se acuerda de inmediato de la vida en que tapó la inseguridad con el poder. Y, de igual modo, persigue el poder para tapar la inseguridad.

Mala noticia.

Como estamos hablando de la memoria, todo el poder que la persona consiga en esta vida no le va a satisfacer. ¿Por qué?

Porque es "aquel" poder el que ella busca. El otro. El que tuvo en otra vida.

Y la insatisfacción va creciendo.

Y cuanto más persigue el poder, más insatisfecha se siente, porque no es ese el poder.

La persona viene a esta vida precisamente para prescindir de ese poder.

Viene a prescindir de esa memoria. Para armonizar. Lo que hubo en exceso en otra vida se armonizará en esta en forma de restricción.

Cuanto más busque el poder, más insatisfecha se va a sentir y más impotencia va a atraer.

Y esta es la ley de la naturaleza.

Cuando acepte todas las experiencias de impotencia, por más que duelan, esa persona se aproximará más a su esencia, se aproximará más a su energía original, y se va a sentir más segura.

Y se va a aproximar más a mí.

Jesús

102

Almas gemelas

Nunca te olvides de las conexiones. Cada ser que se cruza en tu camino, tiene un alma que está conectada a la tuya, de alguna manera, en la inmensidad de la eternidad.

Cada ser que se cruza contigo tiene algo que decirte, algo que enseñarte. Acuérdate, allá arriba, en el espacio entre-vidas, que aprenderán el uno con el otro lo que tienen que aprender.

Pero hay algunos seres cuya alma está más unida a la tuya que otras almas. Y hay un ser, en esta vida, cuya alma está más unida a la tuya que todas las otras.

Ese ser es aquel que viene a ser el compañero de todas las horas, de los buenos y de los malos momentos.

La función de la unión de tu alma y del alma de ese ser tan especial es solamente esta:

Ser. Que sean los dos, lado a lado, recorriendo el camino.

Sólo eso.

Siente esto: dos almas, lado a lado, recorriendo el camino.

Sólo eso. Nada más.

Intercambiándose energía, experiencia. Sin ego, sin defensas, sin obstrucciones.

Dos seres, lado a lado, compartiendo un camino.

Cada alma es quien es.

Cada alma es quien es y respeta el alma que el otro es.

Nada más, sólo eso.

Pero no siempre dos almas consiguen llegar a este nivel de evolución.

Normalmente, cada una de esas almas tiene aún muchas defensas, mucha resistencia. Mucho ego.

No consiguen ver el camino.

No consiguen ver al otro que comparte el camino.

No se consiguen ver a sí mismas.

Esas almas, en ese estado, no consiguen evolucionar. Incluso pueden estar juntas, pero eso no sirve de nada. No hay emociones. No hay comunión. No comparten. Hay apenas dos cuerpos andando por un camino. Nada más.

Te hago una propuesta.

Empieza a mirar a las personas como si fuesen sólo almas. Quítales la ropa, el cuerpo. Quítales las defensas y la resistencia. Quítales el ego.

Vas a ver una luz.

Y vas a hacer lo mismo contigo. Quita el cuerpo, las defensas, la resistencia y el ego.

Quédate tú también en luz.

Y vas a notar que todas las desavenencias, tristezas, resentimientos y heridas no son del alma.

Son de la materia, son del cuerpo, que tiene miedo.

Eventualmente, hasta vas a descubrir un alma enclaustrada dentro de un cuerpo que no escogió la luz.

Y el alma sufre.

Cuando encuentres a alguien, sea quien sea, haz esto.

Quítale la ropa, cuerpo, defensas y resistencia, e intenta sentir su alma. Vas a sentir la luz del alma de aquella persona.

Y vas a empezar a mirar de forma diferente a las personas.

Vas a sentir su alma.

Vas a sentir la comunión.

Vas a sentir sus dos almas compartiendo el camino.

Vas a sentir la energía.

Me vas a sentir a mí.

JESÚS

103

Mi voz

Piensa que puedes ser mi voz en la tierra.

No serás la primera, y con seguridad no serás la última. Pero serás una voz importante en la medida en que comprendas la relatividad de las palabras.

Serás mi voz no en la medida de lo que digas, sino en la medida de lo que sientas.

En la medida en que, al sentir profundamente, consigas emanar mi luz.

En la medida en que hagas a las personas sentir tu energía.

En la medida en que consigas que ellas accedan a su propia luz.

No es lo que digas, es la energía que pongas en lo que dices.

Es la luz que pones en ese decir.

Es la emoción que emana de tus palabras.

Piensa que puedes ser mi voz en la tierra. No por el grado de importancia que eso te trae, sino por el grado de compromiso que eso te exige. Y para ser mi voz en la tierra, tendrás que tener siempre mi voz dentro de ti.

Mi voz, mi energía, mi luz y mi inspiración.

Para ser mi voz en la tierra, tendrás que hacer tres cosas: sentir, sentir y sentir.

Como sientes la luz de un día de sol.

Como sientes el dolor de un alma traicionada.

Como sientes la inmensidad del espacio y del tiempo.

Está claro que ser un ser humano es algo limitativo.

Pero practica. Medita. Accede a tu energía original.

Y yo estaré ahí, esperándote.

JESÚS

104
Protección

Sentirse protegido es contar con Dios.

Contar con nosotros, aquí arriba, para ayudaros en cada momento de vuestro camino.

Por donde la vida pasa, por lo que pases en la vida, cuenta con nosotros.

Nosotros, desde aquí arriba, tenemos grandes posibilidades de ayudar, de orientar.

Cuenta con nosotros para guiarte por cada camino que pretendas tomar.

Entiende que todo lo que toques fuera de ti tiene que venir de adentro tuyo, si no carece de utilidad energética.

Forra tu camino con nuestra luz, para que a tu propia luz le de tiempo a brillar.

Ven aquí arriba, haz preguntas, entrega cada asunto, cada situación.

Y siente, verdaderamente, la dirección del viento.

Él es quien te va a guiar ahí abajo.

Siente que cada circunstancia tiene una energía, y la magia es que cuentes con nosotros para que te guiemos hacia donde te puedan ocurrir las más maravillosas transformaciones.

Porque tú estás ahí para transformarte.

Pide protección.

Intuye el camino y pide protección.

Y sabe que con la bendición de los cielos un hombre va hasta el fin del mundo.

JESÚS

105

Lo nuevo

Hay una vieja estructura que pesa. Pesa mucho. No te deja avanzar. No te deja evolucionar.

Esa estructura es el pasado.

Quien fuiste en el pasado, lo que sentías en el pasado, pero, principalmente, lo que pensabas en el pasado.

Todo aquel cúmulo de conceptos, de juicios, de victimización.

Todo aquel resquicio de culpa, de miedo, de resentimiento.

Todo aquel peso que no se corresponde con la persona que eres hoy, pero que aún está ahí, preparado para explotar y mostrar sus valores.

Líbrate del pasado. Hoy ya no eres quien eras antes.

Hoy ya no eres quien eras hace cinco minutos.

Todo está cambiando tan deprisa, ahora. ¿Por qué no aprovechas?

Intenta desprenderte. En cada presentimiento, en cada acción, en cada situación, invierte en esta nueva persona en la que te has transformado, con una nueva conciencia, con nuevos valores, con una nueva forma de pensar.

Con una nueva esencia.

Sé quien eres, hoy.

Puede que no corresponda con tu pasado. No pasa nada. Estamos en la era del cambio.

Hasta el día en que tè despiertes, mires al espejo y veas el ser absolutamente luminoso en el que te has convertido.

JESÚS

106

La vida es un regalo

Si considerases que nada, absolutamente nada es tuyo, si considerases que cuando vienes a la tierra no tienes nada y cuando te vas de la tierra no te llevas nada...

Si considerases que nada es tuyo por derecho, que todo lo que te llega a las manos es un regalo que la vida te hace, vas a empezar a ver la vida de otra manera.

Por ejemplo:

Si piensas que algo te va a ocurrir y ese algo no ocurre...

Si esperas que algún asunto se encamine en un determinado sentido y el resultado es diferente de lo que esperas...

Si quieres las cosas de una determinada manera y esas cosas se empeñan en ocurrir de otra...

Si crees que una persona va a reaccionar de una manera y reacciona de otra, o querías que ella hiciese una cosa que no hizo...

Está claro que te desilusionas.

No era así como esperabas que las cosas se desarrollasen.

Pero hay aquí una cuestión que te quiero presentar.

Si nada ni nadie son tuyos, ¿cómo puedes querer?

¿Cómo es que piensas que puedes manipular las cosas a tu beneplácito?

¿Por qué crees que las cosas van a ser de la forma que te viene mejor?

Es la vida, amigo, es la vida que te da todo. Absolutamente todo. La vida te da todo, desde el aire que respiras hasta la ropa que vistes, los hijos que tienes, los amigos, tu educación, dinero, trabajo, relaciones.

¿Ya te has dado cuenta de la cantidad de cosas y personas que la vida ya te ha dado? ¿Por qué te enfocas siempre en lo que no tienes?

Porque lo querrías tener.

Y querer es ego.

Te crees en el derecho de tener un cierto número de cosas, pero ¿en nombre de qué? ¿Quién te las ha dado?

¿Quién te ha dicho que eran tuyas?

Ha sido tu ego quien te ha llenado la cabeza con la ilusión de que tienes derecho a todo.

Te propongo algo.

Olvídate de todo. Quédate a cero. Considera que no eres dueño de nada. De absolutamente nada. Todo es de la vida.

Y ahora, despacio, empieza a reconocer todas las cosas que la vida ya te ha dado. Todo lo que has recibido.

Empieza a ver, una a una, cada cosa que la vida se dispuso a ofrecerte, cada cosa, cada persona, cada emoción.

E intenta sentir la gratitud por tantas cosas ya recibidas.

Deja que esa gratitud crezca en tu pecho. Deja que invada tu energía con su frecuencia excepcional.

Y nunca más verás la vida de la misma manera.

JESÚS

107

Dependencia

No depender.

Este es el secreto.

No depender.

Piensa así. Piensa en un día en el que estás tan conectado, tan pleno, tan satisfecho con tus propias emociones, tan realizado por el simple hecho de ser libre y ya no necesitar intentar ser lo que esperan de ti, que finalmente te sientes tranquilo.

Y tu vida se mueve, tranquilamente, rumbo al infinito.

¿Ya no deseas nada?

¿Ya no tienes sueños?

Nada de eso.

Tienes deseos, sueños, anhelas que todo vaya siempre mejorando.

¿Entonces qué ha cambiado?

¿Cuál es la diferencia entre el tiempo en el que deseabas cosas para tapar el vacío de la insatisfacción y para sentirte seguro, y ahora, que después de aceptar tu dimensión espiritual, aún quieres las cosas de aquí abajo?

Es simple.

Es que ya no se trata de una dependencia.

Lo que yo quiero decir es que ahora que te sientes completo ya no necesitas esas cosas, ya no dependes de ellas para ser feliz.

Ahora, si ellas vienen, entonces fenomenal —y es legítimo que te gusten—, pero ya no hay aquella dependencia emocional, aquella sensación de no poder vivir sin que las cosas vengan a ti.

¿Entiendes la diferencia?

Haz este ejercicio.

Piensa en lo que quieres. Después, piensa en lo que vas a sentir si no lo obtienes. Si te sientes bien, aun sin sentirte pleno por esa cosa, si te sientes tranquilo, apenas disfrutando de ella, felicidades, quiere decir que ya no dependes emocionalmente de las cosas fuera de ti mismo.

Ahora, si el hecho de pensar que nunca tendrás acceso a lo que deseas te deja pésimo, deprimido, si te parece que el mundo se acabó, cuidado. Tu interior esta vacío, tu esencia llora y necesitas urgentemente cuidados espirituales.

JESÚS

108

Tienes miedo

Tú quieres, pero tienes miedo.

Por un lado quieres, por otro, tienes miedo.

Tienes miedo del riesgo, tienes miedo del chapuzón rumbo a lo desconocido.

¿Qué debes hacer entonces?

Primero de todo:

Entender por qué lo quieres. Por qué tienes necesidad de que este deseo se concretice. ¿Es porque quieres ser aceptado? ¿Es para sentirte más seguro? ¿Es para ser más feliz? ¿Para hacer desaparecer esa insatisfacción?

Piensa: no hay nada que venga de afuera que te pueda traer felicidad plena.

El secreto es: siempre que desees hacer algo porque te sientes mal, encuentra la manera de sentirte bien. Encuentra la forma de sentirte mejor.

Medita, haz terapia, ven aquí arriba, llora, haz cualquier cosa para sentirte bien internamente.

Después… después de que estés mejor, de que te sientas equilibrado y feliz, piensa: "¿Aun quiero avanzar con esta cuestión?".

En ese momento ya has escogido.

Si la respuesta es negativa es porque lo que tú querías era una acción de afuera para mejorar internamente. Está claro que no iba a funcionar, pues estabas huyendo, no ibas a ir al fondo de la cuestión.

Al obligarte a sentirte bien con la meditación, con la interiorización, con lo que sea, estás validando uno de los más altos preceptos del cielo.

Todo se cura de adentro para afuera, del interior al exterior, y no al contrario.

Si la respuesta es "no", te libraste de una acción estéril que no te iba a servir para nada más que para hacerte perder tiempo.

Pero si la respuesta es "sí", si, a pesar de estar ya bien, aún deseas avanzar, ahí la cosa cambia.

Se trata de una intuición. Se trata de una comunicación con el cielo. Se trata de algo que se corresponde con tu energía original.

Puedes avanzar, pues por más difícil que sea el recorrido, nunca te alejará de tu camino original, por el contrario, participará en el enriquecimiento de tu vida interior.

JESÚS

109

Condolencias

La única cosa que te puedo decir es "mis condolencias".

"Mis condolencias" porque aún no sabes quien eres, por no escucharte, no respetarte e iludirte.

Iludirte con lo que piensas que eres o lo que te gustaría ser.

Todo cosmética, todo mecánico.

El hecho de que nunca interiorices te hace más mal de lo que algún día podrías imaginar. El hecho de que nunca vayas ahí dentro, precisamente a tu pecho, donde late tu corazón y brotan sentimientos.

El hecho de que nunca entres en contacto con tus cosas más íntimas, con lo más profundo de tu ser.

El hecho de que nunca hayas tocado tu esencia, ese ser profundo y luminoso que vive en tu centro.

El hecho de que nunca oigas tu voz interior, aquella que trae en sí la llamada de la vida eterna, aquella que no muere con la vida física.

El hecho de que no bucees en las profundidades de tu propia vida para ganar discernimiento espiritual de lo que es realmente bueno o malo para ti.

Y, por último, el hecho de que nunca me mires, nunca me entregues nada para que yo cuide y proteja.

El hecho de que nunca hagas preguntas para después mirar a la vida en busca de respuestas.

El hecho de que nunca hagas nada de eso, me hace llorar amargamente. Pero también me hace tener esperanza de que, a base de sufrir tanto de insatisfacción, de no saber por qué te suceden algunas cosas, de no sentirte amparado o protegido, de que sientas un nudo en el pecho y ni sepas por donde empezar... tengo mucha fe de que, a costa de todo eso, un día aún dirijas tu mirada hacia mí.

Y sentirás que yo te amo.

JESÚS

110

Riesgo

Los mayores riesgos pueden atraer las mayores recompensas.

Cada riesgo que corres tanto puede ser tu gloria, como puede ser tu fracaso.

Depende de cómo encares esos riesgos.

Si avanzas de afuera hacia adentro, desde una perspectiva materialista del riesgo —de lo que te va a traer—, si encaras el riesgo como control, revisando anticipadamente todos los beneficios que vendrán de ahí...

Si avanzas con la mente enfocada en el resultado, naturalmente que nada va a ocurrir, ya que en vez de poner tu energía en la acción, la pusiste en su resultado.

En ese caso, el enfoque está en el futuro.

Ese futuro no te pertenece y no le gusta que lo presionen, que lo prevean, que lo controlen.

Y como tu propia perspectiva en relación con los resultados es alta, cuando la realidad empeore los resultados, eventualmente sufrirás una desilusión.

Mirándolo desde otro punto de vista:

Cuando arriesgas porque tienes una gran inspiración; cuando realmente viene de adentro; cuando estás en el presente y la vida te pide que te arriesgues...

Cuando estás tan centrado que no consigues concebir huir del riesgo...

Cuando comprendes que la sociedad en la que vives y los hombres que la componen no deben vivir ni un minuto más sin tu realización...

Cuando, a pesar de que el riesgo que corres no sea tan grande, tienes ganas de arriesgar, por nosotros, pueblo del cielo, para que lleguemos mejor a las personas…

Si tu riesgo abre caminos, ilumina almas, conforta corazones, da sentido a la vida, emociona a las personas y, principalmente, te hace feliz…

Avanza. Es tu hora. Todo se conjuga y armoniza.

Arriesga. Siempre fueron los buenos y grandes riesgos los que construyeron grandes puentes hacia el futuro.

JESÚS

111

Sensibilidad

Activa tu sensibilidad. Activa tu máxima sensibilidad.

Para que percibas todo a tu alrededor.

Para que entiendas las señales. Para que entiendas que las señales no son visibles, ya que ocurren principalmente en tu sistema energético.

Percibe todo con tu máxima sensibilidad.

Llora, si es necesario, pero llora de emoción, no siempre el llanto es de dolor.

Activa tu máxima sensibilidad para que comprendas lo que está ocurriendo.

Porque lo que está ocurriendo está más allá de las palabras, de los sonidos, de las formas.

Lo que está ocurriendo es energía pura.

Activa tu máxima sensibilidad.

Acéptala. Ser sensible es un don.

Y cuando te reconozcas como ser sensible, sólo en ese momento, ven aquí arriba.

Recibe mi energía como una bendición.

Y vas a ver cómo a partir de ahí la vida va a dejar de tener misterios.

JESÚS

112
El alma

Había una vez un alma en el cielo que decidió reencarnarse. Era una llama de luz muy brillante, en la nube, esperando para reencarnarse.

Había subido hacía algún tiempo, y se había dedicado durante una etapa a analizar el pasado, la vida pasada —mejor dicho, las vidas pasadas.

Analizaba todo lo que había cumplido, y lo que ni siquiera hizo. Emociones tortuosas que había limpiado y otras que había ganado.

El alma en la nube se preparaba para un nuevo viaje. Y preparaba también la misión. Lo que escogería esta vez. Las tensiones a las que se iba a someter, para cumplir su nueva tarea.

Escogía la clase de país, la clase de padres, las condiciones económicas, sociales y atmosféricas.

Si iba a nacer con la emoción a flor de piel o con un bloqueo desmesurado. Todo se planeó con detalle con las otras almas con las que se iba a cruzar en el camino. Cuando se reencarnase y entrase en el cuerpo de un bebé, se olvidaría de todo. El velo del olvido es implacable.

Sólo había una única cosa que le pedían que nunca se olvidase. Sólo una. "Te puedes olvidar de todo lo que acordamos, puedes hasta fallar en la misión, bloquear las emociones o no llegar si quiera a evolucionar.

Sólo te pedimos que no te olvides de una cosa. No te olvides que no puedes, en ningún caso, apagar tu luz. Puede ocurrir todo, pero no dejes que se apague".

Esta es tu historia. Yo sé que te olvidaste de todo.

Pero sé también que no te olvidaste de lo esencial.

Haz todo lo que esté a tu alcance para no dejar nunca que tu luz se apague.

JESÚS

113

Las tres dimensiones

Cada uno de ustedes tiene tres dimensiones.

Cada uno de ustedes vibra con la energía del triángulo, a tres tiempos:

La dimensión mental, la dimensión emocional y la dimensión espiritual o dimensión del alma.

Cada uno de ustedes sólo conseguirá armonizarse cuando consiga vibrar, por igual, en las tres dimensiones.

Pero no es así. No ha sido así. El ser humano, en los últimos tiempos, ha vibrado por la dimensión mental.

Las otras dos son controladas por esta.

Cuando estás triste, piensas: "Qué disparate, estoy triste y no sé por qué". E intentas dejar de estar triste.

En realidad, manipulas tu emoción con tu mente.

Le dices al dolor: "Para de doler, porque yo no te entiendo".

Y te bloqueas.

Y frenas el flujo emocional que te iba a llevar a algún lugar.

Cuando sientes la llamada, cuando sientes la energía de Acuario, cuando te emocionas con las coincidencias, cuando ves la vida desfilando delante de ti, con acontecimientos inusitados y luminosos, en fin, cuando sientes la luz y, en último caso, cuando me sientes a mí, la primera cosa que piensas es: "Ya estoy inventando cosas. Ya estoy alucinando".

Y cortas. Frenas.

Esa es tu mente impidiendo a tu dimensión espiritual manifestarse.

Porque eres energía, no eres otra cosa. Y la energía se manifiesta.

Tienes tres dimensiones.

No dejes que la dimensión mental domine. Armoniza.
Piensa. Y piensa detenidamente.
Siente. Y respeta lo que sientes.
Intuye, y sigue tu luz.
Y serás armonioso.
Y serás equilibrado.
Y serás feliz.

Jesús

114

Yo te amo

¿Alguna vez ya te he dicho que te amo?

¿Que siento lo que tú sientes?

¿Que te echo de menos, echo de menos tenerte a mi lado?

¿Alguna vez ya te he dicho que siento tu falta, la falta de tu luz?

¿Alguna vez ya te he contado lo que vivimos juntos aquí arriba, antes de que te reencarnases?

Fueron tantas las experiencias cuando estábamos fusionados, cuando estábamos juntos.

Esto aquí arriba no es lo mismo sin ti.

No es lo mismo sin tu luz, sin tus ganas de bajar a la tierra a reencarnarte y continuar cumpliendo tu misión de evolucionar.

¿Te he dicho que espero tu regreso, para que puedas descansar del sufrimiento evolutivo y podamos jugar juntos otra vez, brillar juntos otra vez?

Claro que espero que permanezcas muchos y muchos años aun en la tierra, claro que sólo Dios sabe cuando volverás, pero quería que supieses que también haces falta aquí arriba.

Y que estoy aquí esperándote, tarde el tiempo que tarde, para darte un beso de luz.

Jesús

115

Trato

Si no consigues hacer lo que tienes que hacer, por el respeto inequívoco de lo que eres, hazlo en una primera fase por mí.

Por el amor incondicional que tengo por ti y por todos aquellos de tu especie. Primero, haz las cosas —para ti— por mí.

Después, al empezar a sentir el viento agradable del cambio, vas a empezar a comprender. Vas a comenzar a rendirte. Vas a encontrarte.

Siempre que seas libre. Siempre que seas fiel a ti mismo.

¿Alguna vez ya te he dicho que te amo?

¿Que siento lo que tú sientes?

¿Qué sufro lo que tú sufres? A pesar de que yo sé por qué sufres, no puedo escoger por ti ni puedo aliviar tu sufrimiento.

A no ser por estas palabras.

Te amo por responsabilizarte por tu vida y por tu energía.

Te amo por saber que la situación en la que te encuentras es fruto de tus elecciones anteriores.

Te amo por entregarte al cielo y a tu propio corazón despenalizando todo el resto.

Te amo por sentir. Y por sentirme.

Sé consciente de nuestra relación, y haz este trato conmigo.

Después, poco a poco, vas a comenzar a acostumbrarte a hacer cosas tu solo, para ti.

Ese es el tiempo de la esencia. Es el tiempo en que vas a buscar tus más infinitas inspiraciones.

Es cuando todo vuelve a tener sentido y empiezas a comprender los motivos de tan largos caminos que te trajeron hasta aquí.

JESÚS

116

Por mí

Ese es tu amor por mí.

Cuando te miras todas las mañanas, e intentas nuevamente aceptarte.

Ese es tu amor por mí. Cuando te alimentas adecuadamente para que tu cuerpo no enferme.

Ese es tu amor por mí. Cuando te haces pequeños regalos. Porque tú lo mereces. Porque yo merezco que tú lo merezcas.

Cuando alcanzas la plenitud del ser.

Cuando me alcanzas en las alturas.

Cuando sueñas conmigo, me sonríes.

Ese es tu amor por mí.

No quiero que escribas.

Sólo quiero que sientas, que sientas ese amor por mí (el amor que tienes por mí).

Cada lago que miras, lo miras por mí.

Con cada puesta de sol, cada estrella fugaz que contemplas, me das un poco de ese placer.

Cada memoria que tienes, tenla por mí.

Hazlo por mí.

Cada ser humano que abrazas, cada mirada con la que conectas, hazlo por mí.

Ama por mí.

No puedo estar ahí, pero siento la materia por medio de cada uno de ustedes, por cada ser humano que honra lo que siente.

Que ve su corazón volar en dirección a las alturas.

Cada vez que te enamores, hazlo por mí.

Cada vez que utilices mi luz para amar, contemplar, vivir, vas a sentirte más, vas a dar más y vas a unificar el cielo y la tierra por la fuerza de nuestra unión.

JESÚS

117

Muerte

No tengas miedo a la muerte, hijo mío, que todo se resuelve.

La muerte es otra vida. La transformación plutónica entre el cielo y la tierra.

La transformación y el aprendizaje, el esfuerzo y la convicción son parte del alma humana.

Cada día que pasa mueres para el día de ayer.

Y naces para el día de mañana.

JESÚS

118

Búsqueda

Para de buscarme en los altares, en las oraciones y en las procesiones.

Yo estoy aquí.

Yo ya no soy aquel que adoras, aquella imagen fúnebre.

Estoy vivo, y estoy aquí.

Estoy aquí en energía, en una nueva dimensión.

En una dimensión que vas a tener que explorar, vas a tener que afrontar, si quieres estar conmigo.

Si quieres realmente estar conmigo.

Yo ya no estoy en esa dimensión hace mucho tiempo.

Yo ya no estoy ahí.

Por lo menos este Yo que quiero que conozcas.

Este Yo, más entero, más intemporal.

Este Yo más vibrante, energético e intenso.

Este Yo de luz.

Para de buscarme fuera.

Yo estoy aquí.

Aquí mismo. Bien dentro de ti.

Y siempre que mires hacia dentro, me vas a ver. Y vas a entender que yo ya no estoy en los cuadros de molduras antiguas, o en las catedrales.

Estoy aquí dentro de ti, formando parte de la energía y ayudando a que te encuentres y a que sientas, a que sientas profundamente quién eres realmente.

JESÚS

119
La misión

La misión es todos los días.

¿Qué quiere decir esto?

Yo te explico.

Una parte de ustedes cree que su misión en la tierra es grandiosa. La otra gran parte piensa que su misión deberá ser, necesariamente, una tarea profesional. Y otra parte considerable piensa que encontrará su misión si sigue las señales. Lo que no es del todo mentira.

Pero las señales de las que hablo no son las señales exteriores, no es algo que te ocurre, no es una cosa de la que te acuerdas de repente.

Una señal, ante todo, es algo que se siente.

La verdad es que ninguna de esas partes sabe lo que es la misión. Ni siquiera tú.

La misión en la tierra es algo tan intrínseco, tan interior, que nunca puede empezar por fuera.

Nunca puede empezar en la materia.

Tiene que, necesariamente, nacer de adentro.

Tampoco puede empezar en la cabeza, en la mente.

Tiene que empezar en el corazón.

Y aun más, tiene que tener un formato.

Mira a Alexandra, por ejemplo.

Debido a una pérdida, en primer lugar y antes que nada, ella quiso conocerse. Pensó que si atraemos lo que emanamos, ella debía emanar algo extraño para haber atraído una pérdida específica. Entonces empezó a intentar conocer la energía que emanaba.

Después pasó a aprender a modificar esa energía. Más tarde, pasó a intentar enseñar cómo se modifica esa energía.

Y, mientras tanto, iba modificando la suya.

Después, en su búsqueda, me encontró. Se comprometió a seguirme. Y hoy tenemos el proyecto.

¿Entiendes como funcionan las cosas?

La búsqueda empieza dentro de ti.

Intentando conocerte.

Intentando cambiar esa energía.

Intentando subir.

Si te comprometes con tu búsqueda personal, más tarde o más temprano encontrarás tu esencia.

Y esta ganará fuerza, autoestima, confianza, y te encaminará hacia lo que acordastes venir a hacer en la tierra.

Empezarás despacio, mirando a cada persona a los ojos, mirándote a ti mismo a los ojos, dando cariño y afecto a cada persona que se cruce en tu camino —haciendo tu propio proceso de luto del dolor, para quitarlo de tu pecho y para que puedas ser cariñoso sin fingir.

Y en ese proceso de encontrarse y de dar amor —a uno mismo y a los demás—, un día, sin que puedas preverlo, estarás en el centro de tu misión.

Buen viaje.

JESÚS

120
Actitud

La misión es una actitud.

La misión no es una carretera, no es un camino.

La misión no es una profesión, ni implica edificar alguna cosa.

Tampoco es una persona o un rastro de alguien.

La misión es una actitud. Es un acto que practicas todos los días desde la intimidad de tu casa a tu forma de estar en sociedad.

Es una actitud, pequeña, sutil.

Empieza poco a poco. Mirando a las personas a los ojos cuando hablamos con ellas.

Tocándolas, dando abrazos a los amigos, tratando bien a quien se ama.

Nunca levantando la voz a nadie.

Todo esto hace parte de la misión.

Las personas piensan que la misión es algo grandioso, extraordinario y portentoso.

Hasta puede llegar a serlo.

Si extiendes los brazos, las miradas.

Si extiendes el amor que das a los demás.

Si creas comunidades de afecto.

Ahí sí, tendrás una gran misión por delante.

La misión no se descubre pensando.

La misión se descubre sintiendo.

Y es en las más pequeñas cosas donde encontrarás el camino para llegar a ser un día un ser que ilumina el camino de los demás.

JESÚS

121

La persona en la que te has convertido

Mira la persona en la que te has convertido.

Más cariñosa, más tolerante y humana.

Piensa cómo eras antes.

Cerrada, dura y resistente.

Mira el camino que ya has recorrido.

Entiende lo que ya has construido a nivel emocional y afectivo.

Claro que aún no está todo preparado. Claro que aún no has llegado allí.

Pero, ¿será que existe realmente un lugar a dónde llegar?

La materia es dual, hay siempre opuestos, lo perfecto y lo imperfecto conviven de manos dadas hasta la eternidad. Aquí no se trata de que sean perfectos, pero sí de que sean menos resistentes.

Ese sí, es un camino válido.

Y cuanto menos resistente seas, más abierto estarás a las emociones.

Llorar cuando se tiene que llorar.

Reír a carcajadas cuando se tiene que reír.

Vivir cada emoción plenamente, sin juicio.

Ya has estado más lejos, ¿verdad?

Mira la persona en la que te has convertido. Y date cuenta de cómo yo me hago más fuerte cada vez que te conviertes en una persona mejor.

JESÚS

122

Sensibilidad extrema

Se sensible.

Eso es todo. Yo sólo pido eso.

Pido que seas más sensible para que todo lo que viene del cielo fluya por tu cuerpo, por tu ser, de la forma más duradera.

Pido que seas más sensible, que aceptes que eres sensible, pues ese es realmente el camino por donde las personas tienen que pasar para encontrar su propio y verdadero camino.

Está claro que es el camino más largo.

Y está claro que es el camino más puro.

Aquel que nadie ha pensado, que nadie ha esperado, que nadie ha racionalizado.

El camino de la sensibilidad extrema es el camino de los ángeles que descienden a la tierra para hacer avanzar a la población.

Y tú puedes ser ese ángel. Simplemente no te acuerdas.

JESÚS

123
Date a ti

Yo no quiero recibir lo que me quieres dar.

    ¿Sabes por qué?

    Porque tú no te das a ti.

    Quieres darme todo a mí.

    ¿Y sabes qué más?

    Yo sólo puedo recibir lo que sea si es a través de tu esencia.

    Si tú no te das a ti, no me estarás dando nunca a mí.

    Necesito cosas con alma. Es con tu alma con la que te comunicas conmigo.

    Todo lo que hagas por mí no tiene alma, porque no pasa por ti. Por tu filtro, por tu alma.

    Todo aquello por lo que estás pasando ahora, tiene un nombre.

    Falta de esencia.

    El Universo te quita de afuera para hacer que mires hacia dentro.

    Nunca te olvides de esto.

JESÚS

124

Tu amor

Dales amor.

Da todo tu amor.

Tu amor más profundo.

Tu amor más intrínseco.

Verbaliza tu amor.

"Fisicaliza" tu amor.

Di cuánto amas.

Toca, besa, abraza. Habla.

Cada minuto, cada segundo de tu vida, ama y demuestra ese amor.

Toca a todas las personas que se crucen por tu camino.

Toca, y pasa energía.

Mira, y pasa energía.

Sonríe, y pasa energía.

Ilumínate, y pasa esperanza.

Toda tu vida se va a transformar a partir de ese toque, de esa mirada, de esa sonrisa y de esa luz.

Todo el Universo va a cambiar un poco a costa de tu actitud.

Todo el Universo va a cambiar un poco porque tú has escogido cambiar.

Todo el Universo va a cambiar un poco porque tú has escogido amar.

Y yo, aquí en las alturas, tan distante, voy a recibir esa energía que tu escogiste emanar.

Y yo, aquí, posado en lo alto, voy a recibir el amor que tú escogiste dar.

JESÚS

125

Despedida

Deja que se vaya. Sea lo que sea de lo que se trate.

Deja que se vaya, más allá de la eternidad.

Deja que se vaya.

Deja que se vaya todo. Cada vínculo, cada partícula. Deja que parta.

Dile adiós. Dile adiós.

Nos vemos más tarde, allá arriba.

El tiempo no existe, nos encontraremos enseguida.

El espacio no existe, ya nos veremos.

Deja que se vaya.

Deja que se suelte.

Deja que vuelva a nacer.

Para volver a crecer.

Deja que se vaya, lentamente, hacia el cielo.

Lentamente, como toca un clarinete.

Lentamente, como late el corazón.

Lentamente… más lento… más lento… más lento…

JESÚS

126

Yo estoy aquí

Yo estoy contigo, siempre.

Cada minuto de tu día... de tus noches.

Todos aquellos tiempos difíciles en los que piensas que estás solo.

No.

Yo estoy aquí. Siempre. Dentro de tu corazón envolviéndote con esta energía suave y blanca. Con este amor.

Todos los tiempos sombríos son tiempos de soledad. Son tiempos de aprendizaje.

Y yo estoy aquí, siempre a tu lado, guiándote a través de tu intuición.

Tú recibes mi orientación y transmites lo que recibes de mí.

Esta es nuestra comunión.

Yo estoy aquí. Siempre estuve.

Y saber que crees en esto me traería mucha paz.

JESÚS

127

Gratitud

Imagina que no esperas nada de la vida. Recibes lo que la vida tiene para darte... solamente.

Imagina que, en cierto momento, algo está mal. Naturalmente, te quedas triste.

No te enfadas, pues se enfada quien cree que tiene derecho a algo.

Y tú sabes que ahí en la materia tu sólo tienes derecho a lo que conquistas energéticamente. Nada más.

Imagina que algo bueno te ocurre.

Como sabes que no has sido tú, lo agradeces al cielo.

La gratitud es un sentimiento que te eleva.

Al estar elevado y en gratitud, sólo atraes más buena fortuna. Sólo atraes más abundancia.

Cuando una persona cree que ha sido ella quien ha conseguido lo bueno que le ha ocurrido, se enorgullece tanto, se concentra tanto en la fuerza que le permitió conseguir, ejerce tanto el ego, que siendo este extremadamente denso, sólo atrae más densidad.

Por eso es por lo que, normalmente, el hombre después de alcanzar una gran gloria, sufre una gran derrota.

Por eso es por lo que quien no busca nada, normalmente alcanza todo.

JESÚS

128

Ruptura

Por más que tú no quieras, la ruptura existe y tiene que ser diseccionada.

¿Cuándo está una persona en ruptura? Cuando agotó todas sus posibilidades, cuando está fuera de su camino o cuando ya pasó el tiempo.

En tu caso, agotaste todas las posibilidades, estás fuera de tu camino y ya pasó el tiempo.

Ya se fue. Ocurrió. Es pasado.

El presente y el futuro nada tienen que ver con el pasado.

El pasado nada tiene que ver con quien eres hoy.

Corta. Disecciona. Comprende.

Después salta hacia delante. Avanza con convicción para realizar todo lo que falta ser realizado.

Jesús

129

Mártir

El mártir es aquel que sufre porque yo sufrí.

Y al sufrir, piensa que está más cerca de mí. Al sufrir, piensa crear empatía conmigo, y piensa que yo me voy a acercar, por pena o compasión.

Las cosas no funcionan así.

Yo soy el primero que dice que cuando estés tristes, debes llorar. Soy también el primero en decir que no se debe huir del dolor. Cuando él viene, se debe encarar y hacer el luto respectivo.

Y el luto es: llorar, dejar que venga la emoción y aspirar. Quitar toda la densidad del pecho.

Esto es lo que se debe hacer.

Los mártires buscan el dolor.

Piensan que el dolor purifica, entonces lo buscan para purificarse.

Y piensan que yo se lo voy a agradecer. Yo no se lo voy a agradecer. Ni siquiera me voy a acercar. Quien se martiriza es víctima. Quiere atención, quiere ser más y mejor que los demás.

Quien se martiriza quiere ser el primero en llegar al cielo.

¿Y si yo te digo que es fácil que una persona se martirice?

¿Que lo más difícil es intentar ser feliz en medio de toda esa densidad que es la tierra?

¿Y si yo te digo que las personas tienen que tratarse bien, hacer elecciones que las hagan crecer y no que las hagan menguar? ¿Y si yo te digo que quien cuida de sí mismo cuida de su esencia, y sólo una esencia saludable es la que se abre para que yo pueda entrar?

Piensa en esto.

Sufrir sólo es bueno cuando el dolor es tuyo y tú lo enfrentas, no con el objetivo de ser mártir, sino con el objetivo de limpiarlo definitivamente para que nunca más vuelva.

Piensa en quien eres tú, no en quien me gustaría a mí, desde aquí arriba, que tú fueses. Piensa en quien te gustaría ser, un ser único, original y abundante.

Y a ese ser, con seguridad, no le haría feliz buscar el sufrimiento.

JESÚS

130
Tercera vía

Te he estado diciendo qué hacer.

A veces cosas difíciles, a veces cosas impensables.

Te mando hacer cosas simples y sencillas o complejas e imprescindibles.

Está claro que las intentas hacer. Está claro.

Pero no siempre lo consigues.

No siempre eres capaz, ni siempre estás tan evolucionado.

Y de ahí viene la culpa.

"No he hecho esto, no he hecho aquello. No he hecho lo que debería hacer".

Culpa.

A partir de ahí tienes dos problemas.

El de no haber hecho lo que te pedí, lo que naturalmente causa una cierta vergüenza en tu alma…

Y la culpa de no haber hecho lo que te pedí, lo que naturalmente me causa alguna vergüenza.

La cuestión es otra.

¿Y si, en vez de no hacer lo que te pedí y sentir culpa por ello, encuentras una tercera vía?

¿Una vía posible?

Si te mando correr 100 metros y no lo consigues, ¿qué seria deseable?

¿Que no corras nada, o que corras por lo menos 50, 60, 70 metros? ¿O quizá 20 ó 30?

Para que por lo menos corras algo.

En este caso, cuanto más corrieras, aunque no sean los 100 metros, cuanto más corrieras, repito, más cerca estarías de tu destino original, del destino solicitado por mi.

Ahora piensa en las cosas que te pido.

Algunas imposibles para ti.

Imposibles, de momento.

Porque si empiezas ahora a ser "una parte" de esas cosas y continúas siempre avanzando en ese camino, estarás más cerca de mi objetivo.

No consigues perdonar a alguien, por ejemplo, pero puedes tratar a esa persona con más amor.

No consigues tratarla con amor, pero puedes tratarla con respeto.

Siempre puedes hacer alguna cosa.

Acuérdate siempre: cada paso que damos en dirección a la luz es un paso que nos aleja de las tinieblas.

Jesús

131

Entrégate

Tú sólo puedes aprender algo si ese algo está en armonía con tu energía.

Para poder aprender algo con una energía superior, tendrás que escoger abrir tu energía hacia un nivel superior.

Y así ocurre con todo.

El aprendizaje propio. Como ustedes dicen: "Todo el conocimiento es un autoconocimiento". Y yo digo, claro, porque sólo podrás comprender lo que puedas absorber con tu energía.

Lo que no corresponde con tu energía, te pasa por al lado. No entra.

Tienes que abrirte. Tienes que abrir tu corazón y dejar que suba hacia vibraciones más altas.

Culpa, juicio y miedo cierran tu corazón.

Amor incondicional lo abre.

Ven aquí arriba. Medita. Encuéntrate con la luz. Ríndete a la luz.

Admite la posibilidad de que haya aquí arriba, en el cielo, una luz inmensa, protectora y amiga que te protege y ayuda, tal vez no en lo que tú quieres pero sí en lo que es bueno para ti.

Admite esa posibilidad de ser protegido por la luz. Siempre que te entregues.

Entrégate.

Y tu energía subirá.

Y, a partir de ahí, comprenderás y aprenderás cosas de mucha mayor amplitud.

JESÚS

132

Mi luz

Está claro que necesitas mi luz.

Ve a buscarme, para calmarte.

Búscame en la serenidad del mar. En la luz de las estrellas, en la furia del volcán.

Búscame en la inmensidad de los campos, en la versatilidad de las flores y en el ruido de la lluvia.

Encuéntrame en la profundidad de los océanos y en la diversidad de las especies. Búscame en la naturaleza.

Y si no me encuentras, es porque tus ojos no están preparados para verme.

En ese caso, cierra los ojos y mira hacia dentro.

Mira hacia ti.

Mírate.

Reconócete.

Ámate.

Y yo, con seguridad, estaré ahí.

JESÚS

133

La voz

Haz lo que tu intuición te dice.

Aprende a entender dónde te lleva la intuición.

Ella es el gran viento de tu vida.

Ella es la voz, es la dirección, ella sabe lo que es bueno para ti. Y cuando todos piensen que has enloquecido, que ya no controlas nada, que ya no tienes objetivos; cuando piensen que has tirado la toalla, que ya no resistes y que estás haciendo todo al revés, vas a sentir una luz creciendo dentro de tu pecho.

Y esa luz es tan fuerte, tan poderosa, esa luz es tan precisa y consciente, esa luz es tan tuya, que tal vez por primera vez en la vida entiendas lo que es ser feliz.

Jesús

134

No tienes nada

Tú no tienes nada. Nada en la materia es tuyo. Absolutamente nada.

Tú no tienes padre, no tienes madre.

Ellos no son más que almas compañeras del camino, que bajaron contigo para compartir. No para poseer.

Tú no tienes hijos, tú no tienes familia, ni amigos.

Todos son almas.

Almas que se reúnen en la nube para reencarnarse juntas con un mismo propósito, en una misma dirección.

No son tuyas. Nunca lo serán.

Ni tú eres de ellas. Nunca. Nunca.

Piensa cómo es de liberador no poseer nada ni nadie. Piensa cuán simple se convierte la vida.

Ver a las cosas y personas como si fuesen cosas y personas autónomas, libres de tu energía.

Libres de la mano pesada de tu apego.

Piensa así: "Si yo no tengo nada y nada me pertenece, entonces ¿qué es todo esto que está a mi alrededor? ¿De quién son estas cosas? ¿De quién son estas personas?".

Respuesta:

Son de la vida. Fue la vida quien te las dio, en esta breve parada tuya por la tierra.

Son un regalo del cielo, para usar, para aprovechar, para disfrutar, para compartir. Y, más que nada, para aprender a soltar.

Acuérdate siempre de lo que yo dije un día: "Yo te amo, independientemente de donde estés en la vida física".

Y el día en que comprendas que nada es tuyo, y que todo te es cedido por la vida, vas a empezar a sentir, finalmente, la gratitud.

Gratitud por todo lo que está a tu alrededor, gratitud por los regalos que la vida te da, gratitud por entender que todo esto tiene una lógica, gratitud por la conciencia.

Y cuando sientas una gratitud tan fuerte que casi explote en tu pecho, sube. Sube aquí arriba.

La gratitud es la forma más completa de llegar a mí.

JESÚS

135
Ayuda

Yo sé que te gusta ayudar. Sé que te esfuerzas, quieres transmitir a las personas todo lo que sabes, todo lo que aprendiste conmigo.

Y piensas que es legítimo. Yo lo entiendo. Haces lo que sabes y crees que es correcto. No te pones en duda. No consideras, por un solo momento, que tu desmesurada generosidad puede ser ego. No piensas en eso.

Yo lo comprendo.

Pero si hasta aquí era de algún modo aceptable que hicieras eso, después de leer este mensaje vas a comprender que no lo es. Y la lógica es simple.

Presta atención:

Cuando vas a ayudar a alguien, ¿cómo lo haces?

Tienes pena de la persona, crees que ella está pasando un mal rato, y entonces planeas una estrategia para sacarla de ese estado.

Nada más legítimo, piensas tú.

Yo comprendo que pienses de esta manera. Pero no funciona así.

Entiende que la estrategia que definiste para ayudar a esa persona tiene tu lógica. Tiene tu energía. Sólo tu energía. No tiene la energía de la persona, o mejor, la persona no tiene la energía de la estrategia que desarrollaste para ella.

Por eso es poco probable que ella consiga ponerla en práctica. Y aunque lo haga, es poco probable que funcione.

¿Por qué?

Porque siempre que una persona hace algo que no tiene su energía, cuando empiezan a venir las consecuencias, cuando es necesario tomar decisiones cotidianas en relación a esa estrategia, la persona no domina aquella lógica.

Por eso no va a saber cómo tomar decisiones referentes a la estrategia y consecuentemente las cosas no van a funcionar.

¿Y por qué digo que es el ego el que habla cuando ayudas de esta manera? Porque sólo el ego quiere imponer su lógica a otro. El alma no impone nada, y también ayuda.

El alma mira a la persona que tiene delante. El alma siente profundamente a esa persona.

El alma consigue descubrir dónde está el alma de esa persona. Y consigue "sacarla" de allá dentro. Y consigue hacer que ella se libere del miedo, y libre del miedo ya puede hacer elecciones con su propia lógica.

Esto es ayudar. Y no lo es decir, opinar, resolver por los demás.

La verdadera ayuda es conseguir, a través de la compasión, limpieza y amor, hacer brillar el alma del otro.

Y como yo digo muchas veces, la mejor cosa que se le puede hacer a una persona que está mal, además de limpiarla, es decirle: "Yo sé que tú lo vas a conseguir".

Y al día siguiente, llamarla, tal vez para limpiarla otra vez, y decirle esa frase las veces que hagan falta hasta que su alma se manifieste.

Hasta que ella misma lo consiga.

Esto sí que es ayudar.

JESÚS

136

Hoy es el día

Hoy no es el día de hacer nada de lo que estás acostumbrado. No es el día de continuar haciendo las mismas cosas de siempre, ni el día de apaciguar a las masas. Ni el día de orar. Ni de salir. Ni de desahogarse. Hoy no es para tomar el sol, ni para reflexionar sobre la ley.

No es el día para gastar la voz, ni para clamar a los cielos.

Hoy no es el día para correr, hoy es para parar.

Quieto. Así mismo. Triste. De este modo. Es día de estar, estar simplemente en la inmensidad del mundo y revolotear, en la punta de mi mano.

Hoy es el día de venerar al maestro, de adorar la energía.

Es día de ofrecer favores en forma de gratitud.

Es día de mirar el tiempo, adorando el infinito.

Y de dejar que el corazón lata, solamente.

Hoy es el día de todo lo que haya de subjetivo en la tierra.

Lo que no tiene nombre.

Lo que no tiene edad.

Lo que no tiene forma.

Hoy es el día de algo que sólo quien ya ha estado, sólo quien ya lo ha sentido, sólo quien accede puede saber lo que es.

JESÚS

137
Vínculos

¿Te he dicho ya lo que tenemos en común?

Energía.

¿Y sabes lo que hace la energía?

Vibra.

Nosotros dos vibramos, aunque con frecuencias distintas.

Tú vibras aún por la frecuencia de las emociones básicas tales como el miedo, el arrepentimiento y la culpa.

Yo vibro por la frecuencia más elevada. El sentimiento. El amor universal.

¿Y por qué no consigues vibrar en una frecuencia igual a la mía? ¿Por qué no me alcanzas a nivel vibratorio? ¿Por qué no estás aquí?

Debido a una única palabra. Un concepto. Una salvación.

Debido a esa palabra, te vas a quedar aun más tiempo por ahí. Preso a la rueda de las encarnaciones. Preso a los vínculos.

Pero, pensándolo bien, ni tú mismo quieres salir.

¿Y si yo te dijese que te rescato ahora de ahí y te traigo aquí, cerca de mí, sólo y únicamente si cambias de vibración?

Y si yo te dijese que puedes venir, sólo y únicamente si aceptas prescindir de algo... ¿vendrías?

Y si yo te dijese que para subir tu frecuencia vibratoria, saltar fuera de la rueda de las encarnaciones y venir a vivir eternamente a mi lado, sólo tendrías que hacer una y sólo una cosa... ¿vendrías?

Pues bien, es simple.

Sólo tienes que prescindir de todo y cualquier apego, todo y cualquier vínculo.

Desapegarse de quien se ama, de quien se odia. Desapegarse de las personas, de las cosas, de las emociones, de los sentimientos, de las preocupaciones, del dolor, de la densidad, de las discusiones, de la rivalidad, de la competición y envidia, de los precipicios, de las vulgaridades, de la emancipación, de la carne, de la piel y del corazón.

Desapegarse del mundo, de la vida.

Desapegarse del amor de ahí abajo.

Desapegarse de todo.

¿Vendrías?

Y como sé que la respuesta es que no, te ruego que te vayas desapegando despacio de todo lo que amas, de modo que te acerques cada vez más al paraíso.

Jesús

138

Bendiciones

Piensa que las cosas buenas que te ocurren son regalos que yo te doy.

Considera que son regalos.

Considera que tu vida es neutra y que estas cosas te son ofrecidas por el cielo.

Son bendiciones.

Considera que las cosas buenas que te ocurren son bendiciones que yo te doy.

Por tu compromiso.

Por tu perseverancia.

Por tu fe.

Y si piensas así, vas a empezar a sentir gratitud.

Una gratitud tan grande, tan intensa, tan profunda que, con seguridad, va a cambiar tu energía.

Va a elevarla.

Vas a sentirte más leve, vas a sentirte más alto.

Y cuando llegues más alto, aquí arriba, yo podré tener la oportunidad de darte, personalmente, un abrazo.

JESÚS

139

Máscaras

Para de mentirte a ti mismo.

Tú inventaste un personaje, y quieres que todos lo acepten para que no puedan ver la verdadera persona que eres.

¿Por qué te quieres esconder?

¿Por qué no te gustas?

Me gustaría que supieses que nosotros aquí arriba sólo tratamos con la verdad.

Puedes esconder la verdadera persona que eres de todos.

Hasta la puedes esconder de ti mismo.

Pero nunca la esconderás de mí.

Yo vibro por la verdad. Y al vibrar por la verdad, atraigo la verdad.

Tú, de tanto esconderte de los demás, te has escondido de ti mismo.

Ya no sabes quién eres.

Ya no sabes quién serías.

Como ya he dicho varias veces: "Descubre lo que el Universo quiere de ti, y transforma eso en tu mayor prioridad".

Lo que el Universo quiere de ti ahora es que te quites esas máscaras que inventaste y que no reflejan tu persona, parando todo para empezar a descubrir quién eres.

JESÚS

140
Prioridades

Aprende a ver lo que está en el centro de tu pecho.

Todos ustedes, en cierto momento, tienen prioridades.

Pueden ser prioridades profesionales, pueden ser prioridades familiares o hasta afectivas.

Pero nunca veo a las personas con prioridades emocionales.

Una prioridad emocional es algo que tú tienes que vivir. Bueno o malo. Bonito o feo. Sea lo que sea.

Para que tu alma continúe en dirección a la evolución, para que todo continúe andando a buen ritmo, es necesario que vivas esta o aquella emoción. Para desbloquear. Para liberar. Para seguir adelante.

Haz lo siguiente:

Piensa en una situación que se venga repitiendo ya hace algún tiempo.

¿Qué emoción te suscita?

¿Has tapado esa emoción, la has bloqueado o, por el contrario, cada vez que aparece, te has dejado diluir en las aguas de un llanto ardiente, conmovedor incluso, pero liberador?

Si cuando la emoción aparece la has bloqueado, pensando en otra cosa, tal vez sea por eso que las situaciones se repiten.

Esa es tu prioridad emocional. Debes buscarla ahora, pues podrá estar escondida. No le diste la importancia debida.

Ve a tu pecho.

Aprende a ver lo que está ahí, en el centro.

Acepta esa emoción.

Llora.

Abre el pecho y deja que la energía negativa salga.

Y después cálmate.

Cuando aceptamos nuestras prioridades, todo empieza a encajarse y la vida pasa a ser un placer, y nunca más un mar de confusiones.

Tus prioridades emocionales son más importantes que cualquier otra prioridad.

Basta con que estén alojadas en tu pecho, que es el lugar más sagrado del ser humano.

JESÚS

141

La próxima tarea

Voy a dictarte la próxima tarea.

La próxima tarea es que aprendas a vibrar por lo que eres.

Sin máscaras, sin falsos atributos, sin revestimientos.

La próxima tarea, independientemente de la cuestión que planteaste —y puedes plantearla nuevamente después, en otra oportunidad—, es ser quien eres.

Sin desvíos ni omisiones. Sin rasgos de oportunismo juvenil. Sin excepciones. Ser quien eres exige de ti ahora todo el empeño de este mundo.

Ser quien eres, respetar lo que sientes, va a exigir mucha energía de ti ahora, en esta fase de tu vida.

O porque nunca respetaste tu esencia, y es la hora de cambiar el rumbo de las cosas, o porque has practicado bien, y ahora es la hora de dar un gran salto.

Sólo tú puedes responder a esa pregunta. Tú…. yo, claro.

Por eso, memoriza bien lo que te voy a decir. Cierra este libro, pon el pensamiento en el pecho y siente. Limítate a sentir. Nada más.

Y cuanto más te acostumbres a sentir solamente, sin pensar en nada, más rápidamente te vas a conectar con tu alma y descubrirás, finalmente, quien eres y lo que estás haciendo por aquí.

JESÚS

142
Reloj biológico

Muchas veces quieres hacer cosas con las que soñabas hace mucho tiempo.

Otras veces te frustras por no poder hacer cosas con las que soñabas hace mucho tiempo.

¿Qué es lo que no es correcto aquí?

Lo que no es correcto es la falta de respeto por tu reloj biológico.

Lo que sueñas hace mucho tiempo puede haber pasado de plazo.

Lo que sueñas hace mucho tiempo debería haber sido realizado hace mucho tiempo. El hecho de no haberlo realizado en aquel momento no significa que deba ser realizado ahora, fuera de tiempo.

Si intentas realizar hoy algo que soñaste hace mucho, puedes estar ignorando algo con lo que estés soñando ahora.

Un sueño tiene un tiempo. Tu reloj biológico lo llama.

Tus órganos y tus células están coordinados para agarrar de ese sueño las mejores experiencias para tu proceso evolutivo.

Si intentas realizarlo tiempo después, ese sueño ya no pasa de un espejismo.

Tu energía no está sincronizada para concretizarlo y su concretización sólo puede causar frustración.

Cierra los ojos. Medita. Intenta sentir qué es lo que tu reloj biológico te está pidiendo ahora.

Olvídate de los sueños antiguos. Piensa en los nuevos sueños.

Piensa en lo que puedes ser, hacer, pensar, actuar, ahora, conectado con la alineación actual de tu energía.

Y lo que sea que salga de ahí es un nuevo sueño. Y tendrás todos los recursos para realizarlo.

Jesús

143

Cansancio

El cansancio es una señal.

O estás en el camino equivocado, o andas demasiado deprisa en el camino correcto.

Lo importante es que te centres. Sea para reorientar tu camino o la velocidad del paso, lo importante es que te centres.

Para. No tengas miedo de parar. Para varias veces, en varios momentos, para respirar.

Para respirar y sentir el ahora.

Quien está en el camino equivocado, como no siente el camino, sólo quiere llegar.

Quien anda demasiado deprisa, como no consigue sentir el camino debido a la velocidad, sólo quiere llegar.

Quien está en el camino equivocado, cuando llega, tiene la mayor de las desilusiones, porque el destino no compensa el malestar del camino recorrido.

Es de esperar, en un camino equivocado hasta el destino es equivocado.

Quien anda demasiado deprisa, simplemente no consigue llegar al destino, porque se cae antes.

Como ves, sea cual sea tu caso, el recorrido no es satisfactorio.

Y cuando el recorrido no es satisfactorio, lo mejor es parar.

Parar. Respirar. Quedarse ahí. Y cuidar del ahora, centrarse en el ahora, para que mañana las piernas tengan más energía para aprovechar cada paso del camino que falta.

JESÚS

144

¿Cómo vienes?

¿Cómo estás espiritualmente?

¿Vienes aquí arriba buscando alguna cosa?

¿Vienes aquí arriba para poder recibir alguna cosa?

¿Alguna bendición?

¿Vienes a agradecer alguna cosa que ya has recibido?

¿O vienes a ser?

¿Ejercer quien eres en una nueva dimensión?

Si vienes buscando alguna cosa, desiste. No es aquí donde encontrarás lo que quieres.

Aquí, lo máximo que puedes encontrar es la respuesta —si vas o no a encontrar lo que quieres.

Si vienes a agradecer alguna cosa, es maravilloso. Me quedo muy feliz porque entiendes que todo lo que tienes en la materia es enviado por el cielo, como gesto de buena hospitalidad. Pero si vienes para ser, para ejercerte, ahí entonces es cuando me quedo feliz y mando tocar las trompetas.

Significa que ya has comprendido el portal de las dimensiones, porque ya has recibido luz suficiente para poder escoger la luz.

Significa que ya te has perdonado y ya no exiges nada de ti.

Porque has aceptado vivir cada uno de tus dolores tanto como cada uno de tus amores. Porque ya sabes quien soy yo y el bien que te puedo traer.

Significa que ya has comprendido el camino del hombre y quieres hacer tu parte.

Significa que piensas en mí y, aunque aún no me hayas visto, sabes que existo y cuentas conmigo.

Significa que ya entregaste tu alma al cielo y esperas buenas nuevas.

Y, más que eso, significa que tu alma ya ha tocado la mía.

JESÚS

145

Consejo

Un consejo para ti:

Intenta ser alguien de quien tu esencia se enorgullezca.

Intenta ser lo que a ella le gustaría que tú fueras.

Tu esencia es lo más íntimo de ti, la energía más pura a la que puedas acceder.

Cuando eres algo de lo que ella se enorgullece, es señal de que ya has accedido, de que ya sabes quién es ella y la respetas.

Y quieres ser como ella porque aceptas esa energía única e indistorsionable.

Cuando intentas ser quien no eres, ella se queda triste, abatida y retraída. Cuando te aceptas y perdonas, ella se siente libre, poderosa y cristalina. Vive más tiempo y puede cumplir más misiones en la tierra.

Tú vives feliz, porque sabes quien eres y puedes —y sabes— lidiar con eso.

Y yo, aquí arriba, veo brillar una estrella más, que es la conjunción de la mente, alta frecuencia de la aceptación, con la luz, alta frecuencia de la esencia.

Intenta vivir de la manera que le gusta a tu esencia. Ella vivirá más años y será más feliz.

Y el ego, esa voz en la cabeza que te dice que no arriesgues, que no avances, que te dice que no eres capaz, que no vale la pena, esa energía de autorestricción, simplemente recházalo y envíalo aquí arriba.

Nosotros nos ocuparemos de él.

JESÚS

146

No necesitas más

Todo aquello de lo que dispones hoy es lo estrictamente necesario para que pases a la fase siguiente de tu vida. Ni más, ni menos.

Solamente. Así. De este modo. Todo lo que tienes hoy a tu disposición es lo que necesitas.

No necesitas nada más para pasar a la fase siguiente.

Sólo necesitas lo que tienes. Lo que está a tu disposición.

Es obvio que querrías más. Claro que sí. Claro que te gustaría tener más condiciones para —piensas tú— avanzar más deprisa hacia tus objetivos.

La primera pregunta que yo te hago es:

¿Será que tienes que avanzar más deprisa?

¿Será que a este ritmo no te estarás capacitando más, consolidando más, estructurando más?

¿Será que no has atraído la velocidad exacta del paso, necesaria para conseguir vencer tus resistencias consistentemente?

¿Será que esa resistencia sería vencida si todo avanzase más deprisa? Y la última pregunta que te hago es:

¿Quieres que todo vaya más deprisa para llegar más deprisa a tus objetivos?

¿Qué objetivos?

¿Será que en este camino más lento, más restrictivo, no te harás más flexible para aceptar que aquellos no son tus verdaderos objetivos?

Si quieres más, más cosas, más deprisa, es la hora de llorar de impotencia. Llora. Llora esa impotencia de que las cosas tengan que ser de esta manera. Llora, porque es la única cosa que puedes hacer en este momento.

Llorar es conformarse con que hoy es lo que tienes. Y nada más. Y no necesitas nada más.

Todo lo que has atraído en este momento, todo de lo que dispones ahora es lo estrictamente necesario para alcanzar la próxima fase de tu vida.

Querer más ahora es dar oídos a la voz del ego.

Y esto es todo lo que tengo para decirte.

JESÚS

147
Espejo

Lo que está dentro es igual a lo que está fuera.

Esta es una máxima que debes memorizar para el resto de tu vida.

Todo lo que tú atraes fuera de ti es porque lo tienes ahí dentro, en el fondo de tu pecho.

Por eso, piensa:

¿Cuánta violencia atraes? ¿Violencia física o psicológica?

¿Cuántas personas discuten contigo? ¿Cuántas te maltratan? ¿Cuántas no te oyen? ¿Cuántas hieren tu sensibilidad?

¿Cuántas te impiden avanzar? ¿Cuántas no creen en ti? ¿Cuántas no te respetan? ¿Cuántas te ignoran?

Date cuenta de que todo lo que te hacen refleja exactamente lo que tú te haces a ti mismo.

No les quieras mal. Quien te hizo todo eso no es más que un espejo de tu interior.

Eres tú quien te maltratas, tú quien no te oyes. Eres tú quien hieres tu propia sensibilidad. Eres tú quien quieres avanzar más de lo que es posible en condiciones normales. Eres tú quien no crees en ti, y quien no te respetas. Eres tú quien te ignoras.

Mira hacia ti. Para de mirar hacia los demás. Hacia lo que te hacen o dejan de hacer.

Mírate y observa el mal que te has estado haciendo a ti mismo.

Al exigirte tanto… al querer tanto… al avanzar tan deprisa… al ser tan intolerante contigo.

Al no perdonarte.

Mírate y para un poquito.

Para. Siente. Quédate quieto.

Y puede ser que veas una lucecita tenue, tímida. La de tu esencia.

Esa luz está solamente esperando que la mires, en vez de mirar hacia los demás.

Que la valores, en vez de valorar a los demás.

Y que te ames.

Y con seguridad, así, puedes atraer el verdadero amor.

JESÚS

148

Bloqueo

Cuando el camino no es el adecuado, cuanta más fuerza pones en avanzar, más se empeña el Universo en frenarte.

Cuando aún no ha llegado el momento de que algo ocurra, cuanta más fuerza pones en su concretización, más el Universo se empeña en bloquearla.

Cuando un asunto está naciendo, cuanta más fuerza pones para que madure deprisa, más el Universo se empeña en atrasarte para que tenga tiempo de ocurrir.

El Universo es sabio.

El sistema energético es perfecto.

Y el ego estropea todo.

Si una cosa está energéticamente bloqueada, es porque fuerzas misteriosas saben que, simplemente, no tiene que ocurrir.

Por lo menos ahora.

Pero el hombre insiste. Insiste. Se esfuerza. Insiste. Insiste.

Él quiere.

Y, como consecuencia, va atrayendo todo tipo de perturbaciones.

Desde atrasos, inseguridades, depresiones, accidentes, tristezas, desastres, traiciones, expulsiones, pérdidas, enfermedades, etc.

Y el ego se queda mirando a todo eso maldiciendo su suerte.

Él no consigue entender que son tan sólo consecuencias de sus propios actos.

No son actos en sí.

El ego no consigue entender por qué atrae tanta pérdida.

El ego no consigue entender que atrae toda esa pérdida a causa de la fuerza que pone en las cosas.

Pero la conciencia sí lo entiende. El alma comprende.

Es una cuestión de ampliar tu conciencia y de que accedas a tu alma.

Y vas a entender que visto desde aquí arriba, todo es absolutamente perfecto.

Y te voy a amar por entenderlo.

Un beso para ti.

JESÚS

149

Respuesta

Todo lo que ocurre en tu vida tiene un propósito.

Todo lo que ocurre, las más ínfimas cosas que atraes, tienen un motivo para estar ahí, para ocurrir precisamente de esa manera, fielmente en ese momento y literalmente en ese lugar.

Todo, todo ahí en la materia es milimétricamente perfecto, para que ustedes, los seres humanos, puedan responder en consonancia.

En consonancia con quienes son, naturalmente.

En consonancia con lo que escogen ser en esa circunstancia, en ese tiempo y en ese lugar.

Podías preguntarme ahora: "¿Cómo es que la materia, un lugar tan denso y tan pesado, puede responder a impulsos tan sutiles, hasta el punto de que todo sea perfecto?"

Y la respuesta es simple.

Tu vives en un sistema energético, y el sistema energético funciona en cualquier frecuencia.

Si una persona está densa, a través del sistema energético atrae a personas y situaciones densas. Si una persona está ligera, atrae a personas y situaciones ligeras.

Es simple. Como todo, visto desde aquí arriba.

Por eso, y volviendo atrás, la situación en la que te encuentras está queriendo hablar contigo, está queriendo mostrarte cosas, hacerte sentir emociones, hacerte modificar tu sistema de creencias para que puedas abrir la mente y creer en nuevas posibilidades. Inclusive nuevas posibilidades para ti mismo, como persona.

La cuestión aquí es: ¿qué significa todo esto?

¿Por qué te encuentras en esta situación y no en otra?

Y yo, desde aquí arriba, hasta te podré responder.

Pero para eso tienes que venir aquí arriba.

Sólo hay una cosa que tienes realmente que aceptar: la respuesta no la tienes, y no está ahí abajo.

Por eso haz lo que te digo: busca en tu yo superior la respuesta, o, si aún sabes como se hace, cierra los ojos, relájate y pregunta: "¿Qué me quiere decir el Universo con esta situación?".

Quédate quieto. En blanco. No pienses en nada, limítate a hacer la pregunta.

Y activa toda tu sensibilidad. Intuye. Percibe. Y vas a creer que te estás imaginando cosas. Pero no.

Esa es la respuesta.

JESÚS

150

Coherencia energética

¿Quién eres tú?

¿Eres quien eres o eres lo que los demás son?

¿Quién eres en realidad?

Te voy a explicar:

Cuando alguien te hace daño, ¿cómo respondes? ¿Le haces daño de vuelta?

Cuando alguien te engaña, ¿qué haces? ¿Engañas también? ¿Agredes? ¿Discutes? ¿Presionas? ¿Juzgas? ¿Culpas?

La pregunta que yo te quiero hacer es simple:

Cuando alguien te hace daño y tú se lo retribuyes, ¿por qué lo haces?

¿Porque eres así, una persona que hace daño a otras personas, o sólo haces daño porque te lo han hecho a ti?

Es que, si haces daño porque eres así, porque esa es tu elección, yo hasta lo entiendo, y te digo que tendré que respetar tu elección, la elección de tu esencia, la persona que escogiste ser esta vez.

Y lo respeto, independientemente de que no lo comparta. No estoy de acuerdo, pero lo respeto. Eres quien escoges ser y no puedo cambiar eso.

Ahora bien, si haces daño a una persona como respuesta, sólo porque esa persona te hace daño a ti, si eso no es una elección de tu esencia, esa no eres tú. Si sólo haces para "devolver la jugada", entonces tenemos problemas.

Al "devolver la jugada" no entiendes todo lo que estás haciendo: has bajado al nivel de esa persona que te hizo daño.

Sales completamente fuera de tu energía.

Escoges ser quien la otra persona está siendo.

Entras en un sistema energético extraño, no sabiendo cuando volverás a vibrar por tu esencia nuevamente.

¿Crees que es así?

¿Crees que es eso lo que escogiste para ti?

Piensa que algunas veces enviamos experiencias verdaderamente densas para medir tu coherencia.

Y tú, en vez de ser quien eres en todas las ocasiones, vas navegando en las ondas de frecuencia energética de los demás. "Yo te hice tal cosa porque me hicieron lo mismo".

Y así, a cada acción, vas siendo lo que los demás son, sin darte cuenta lo lejos que estás de ti, lo lejos que estás de tu luz. Lo lejos que estás de volver definitivamente a casa.

Jesús

151

Práctica

¿Qué es lo que ya sabes del mundo espiritual?

¿Qué has aprendido ya?

¿Cuántas veces ya te has encontrado corrigiendo a otros, porque no estaban actuando de acuerdo con lo que tú crees?

¿Cuántas veces ya te has encontrado pensando en las cosas de una manera nueva, innovadora?

¿Cuántas veces ya te has sorprendido revisando conceptos, reanalizando situaciones, sobre el punto de vista espiritual?

¿Cuántas veces ya has entendido cosas en una nueva dimensión?

Creo que muchas.

Creo que tu cabeza está llena de nuevos conceptos, nuevas estrategias de vida.

¿Cómo hacer esto, cómo reaccionar ante aquello?

Pero la pregunta que yo te hago en este momento es:

¿Ya has aplicado todo eso en tu vida diaria?

¿Ya actúas de acuerdo con tu nueva conciencia, con tu alma?

Ya sabes qué hacer y cómo hacerlo. Pero, ¿lo estás haciendo?

¿Estás honrando tu compromiso, teóricamente asumido con tu alma?

¿Lo estás poniendo en práctica?

Piensa en tu vida.

Piensa en tu día a día, desde la hora en la que te despiertas hasta la hora en la que te acuestas.

¿Cuál es la coherencia espiritual?

¿Cuál es el compromiso?

Este es un momento importante para que des más atención a tu compromiso con tu alma.

Tu compromiso con tu energía.

Tu compromiso con tu futuro.

JESÚS

152

Los demás

¿Por qué quieres tanto ayudar?

¿Por qué tienes tanta necesidad de que los demás sean como los idealizaste?

¿Por qué te empeñas tanto en realizar ese cambio?

Piensa así:

Si los demás escogen no cambiar —o escogen hacer aquello que quieren y en lo que creen—, tú vas a tener que asistir a las consecuencias de esa elección, y consecuentemente vas a asistir a su sufrimiento. Y tal vez su sufrimiento sea tal que te va a hacer sufrir a ti también.

Volviendo a la primera pregunta:

¿Por qué quieres tanto ayudar?

Porque no quieres sufrir, no quieres sufrir al ver a los demás sufrir.

Ese es uno de los mecanismos de la ayuda —el otro mecanismo es que te sientes poderoso y sabio cuando ayudas a alguien, pero eso no es lo que nos trae hoy aquí.

¿Quieres un consejo? Haz lo siguiente:

Cambia tú. Concéntrate en tu cambio, en tu transformación. Transforma tu energía. Transfórmala de tal manera, de tal modo que, si un día esa o esas personas que escogen no cambiar sufren las consecuencias negativas de su elección, puedas estar ahí para apoyarlas y para enseñarles que esas consecuencias fueron fruto de su resistencia, y que tal vez, ahora sea el momento de cambiar. O no.

Nosotros nunca podemos cambiar a nadie.

La única cosa que podemos hacer es dar amor, ser un puerto de abrigo para apoyar a las personas en su propio proceso de cambio.

JESÚS

153

Restricción

Quiero hablarte de las pérdidas. Todas. Sean las que sean.

Toda restricción funciona como una pérdida.

¿Querías así y fue asado? Pérdida.

¿Querías más rápido y fue más lento? Pérdida.

¿Querías más grande y fue más pequeño? Pérdida.

¿Querías más alto y fue más bajo? Pérdida.

¿Querías más largo y fue más corto? Pérdida.

¿Querías el amor y vino la rabia? Pérdida.

¿Querías la abundancia y vino la restricción? Pérdida.

Como ves, siempre que el Universo no te da lo que quieres, viene la pérdida.

¿Y qué es lo que está mal?

¿El hecho de que el Universo no te dé o el hecho de que "quieras tanto"?

¿Qué te parece?

Siempre que el Universo no responde a tus deseos es porque tus deseos no se están correspondiendo con la energía de la realidad.

No estás consiguiendo interpretar las señales. No estás recibiendo la energía de la corriente para poder navegar.

¿Y por qué no lo estás captando?

Porque tu mente está obsesionada con aquello que juzga que es correcto.

Para ti sólo aquello tiene sentido. Sólo aquello es "lógico" —como al ego le gusta tanto decir.

¿Y si yo te dijese que el mundo está viviendo una época de transformación tan grande que lo que es correcto hoy puede no serlo mañana?

¿Y si yo te dijese que lo mejor es aprender a dejar todo abierto para tomar la energía de cambio que se aproxima?

Con todo esto quiero decir que, siempre que atraigas restricción, eso es una señal de que debes ir más allá de lo "lógico" para poder abrazar el cambio.

¿Te parece difícil, verdad?

Pero yo te digo, practica este concepto y serás uno de los pioneros de los tiempos que se aproximan.

Y yo estaré aquí, para guiarte, inspirarte e iluminarte.

Jesús

154

Aventúrate

Yo hablo contigo. Aunque tú no me oigas, aunque no comprendas mi voz, yo hablo contigo. Hablo a través de las flores, de las frutas, de la naturaleza. Hablo a través de lo que sientes siempre que te des la oportunidad de contemplar.

Y siempre que hablo, te digo qué hacer. Lo que es mejor para ti, a nivel evolutivo y experimental. A nivel de luz.

Pero no siempre me oyes. No siempre miras a las flores, no siempre contemplas.

Ni siempre paras para escucharme.

Cuando hablo, te doy consejos, direcciones. Te muestro donde va tu vida, y para donde debía ir, por donde eres más feliz y por donde vive la desgracia. La elección es siempre tuya. Sólo muestro caminos. No los escojo.

Y para quien no escucha, queda la pérdida. Quien no me oye no puede corregir nada, apenas sufrir la pérdida e intentar aprender con ella.

La pérdida, sea cual sea, sirve para que comprendas que el camino no era correcto.

¿Pero cuál es el verdadero camino?

A la pérdida, le sigue la comprensión de que es necesario el cambio. Pero ¿cambiar hacia dónde? ¿Cambiar para qué?

Y esa es la respuesta que debes empeñarte en descubrir.

Tienes una ventaja sobre todos los que no miran hacia las señales. Sabes que es necesario cambiar. Los demás aún no saben eso.

En resumen: sólo te falta saber "dónde" cambiar.

Y para tener esa respuesta, mira hacia tu corazón, mira hacia tus planes más íntimos. Aquello que "sabes" que tienes que hacer, aunque aún te falte el coraje; aquello que crees ilógico, precipitado e inmaduro.

Cuantos más rótulos despreciativos tu ego haya puesto en tu sueño, más fuerte será, y más urgente también. Aprovecha la pérdida.

Si lo que pensabas que era bueno y seguro ya no lo es, si lo que pensabas que era cierto ya no lo es, si lo que considerabas "normal" no salió bien, entonces aventúrate.

La pérdida ya la tienes.

El "no" ya lo tienes.

Ahora apuesta por tu sueño más improbable.

Aprovecha la pérdida para ir en busca de tu felicidad.

JESÚS

155

Quiero hablar

Quiero continuar hablando contigo, siempre lo he hecho.

Siempre he expresado mis opiniones, siempre me he comunicado. Pero me comunico de otra manera. No por palabras.

Sino por percepciones.

Yo sé que es difícil, que no estás acostumbrado.

Estás acostumbrado a ver, oír, tocar, hablar, leer, pero percibir... eso sí que debe ser extraño para ti.

Haz una cosa. Cierra los ojos. Respira. Piensa en la respiración. Eso es todo. Permanece así durante algún tiempo.

Después pide. Pide para que te sea retirado el ego. Has de sentir una cosa enorme saliendo. Después pide para que te sea retirada la resistencia. Verás una cosa grande saliendo —te aviso que tanto el ego como la resistencia salen, pero sólo temporalmente.

Deja que una luz entre por la cabeza. Déjala recorrer todo tu cuerpo.

Y después piensa en mí. Siénteme.

Percíbeme.

Yo estaré en tu mayor paz.

Estaré en la luz más grande que sientas entrar.

Estaré en la distancia de la vida cotidiana, en la inmensa distancia que separa ese momento sensible que estás viviendo ahora y la vida normal de la materia.

Y cuanto más grande sea la distancia, mayor será mi presencia.

Y un día, cuando hayas hecho este ejercicio muchas veces, has de encontrarme. Yo estaré ahí y me haré sentir.

Aquí te espero.

JESÚS

156

No tener

Vamos al tema de hoy.

Hoy quiero hablar de la responsabilidad.

Pero no quiero hablar de la responsabilidad de lo que haces. Ya hemos hablado demasiado sobre eso. No quiero hablar de la responsabilidad de lo que tienes. Mucho menos de la responsabilidad de lo que eres.

Hoy, amigo mío, amiga mía, quiero hablar de la responsabilidad de lo que no tienes.

Piensa en lo que no tienes.

En lo que te gustaría tener hoy. En lo que te gustaría haber tenido toda tu vida, y no tuviste.

Piensa que no lo tuviste o no lo tienes por algún motivo.

Toda la materia, toda la abundancia está disponible para ti ahí abajo.

Todo está a disposición de tu energía. Y si tu no consigues las cosas, es simplemente porque esas cosas no forman parte de tu energía.

No son para ti con la energía que tienes hoy.

Ahora piensa que si cambias tu energía, esas cosas que deseas pueden empezar a formar parte de tu sistema energético…

No las cosas que deseas para ser rico, no las que deseas para enseñar a los demás.

Simplemente las que deseas para sentirte feliz y disfrutar de ellas, porque esas cosas, en la materia, te hacen acercarte a tu esencia y consecuentemente a tu alma.

Y nosotros, aquí arriba, nunca negamos una petición del alma, cuando eso es adecuado energéticamente.

En resumen:

Todo lo que no tienes hoy es de tu entera responsabilidad.

Atrajiste esa situación a fuerza de vibrar de una determinada manera. Y cambiar la frecuencia energética tiene que ver con elección y compromiso.

Ahora, te cabe a ti hacer tu elección y establecer tu compromiso.

JESÚS

157

Oportunidades

En rigor, todos los hombres son iguales a los ojos de Dios.

Todos obtienen la misma benevolencia, la misma tolerancia y las mismas oportunidades.

Todos reciben señales. Todos tienen oportunidades de éxtasis, visiones, información espiritual y cura. Todos. Sin excepción.

Pero unos las aprovechan. Aceptan. Se comprometen. Quieren evolucionar y se ponen al servicio de la evolución.

Escogen la luz. Por encima de todo. Con su alma. Con su ser.

Estos, naturalmente, están más cerca de mí.

No estoy diciendo que son mejores o peores; que son esto o aquello.

Yo no juzgo.

Sólo observo y ayudo.

Aquella frase que se dice ahí abajo, "Cuando el alumno está preparado, el maestro aparece", no podía ser más verdadera.

A los que aceptan, yo les ayudo, los incentivo y los bendigo.

A los que rechazan, yo me entristezco, pero espero.

Sé que habrá el día del discernimiento, en que van a despertar de siglos de inacción y miedo, y finalmente van a mirarme.

Finalmente, van a escoger la luz.

Y a estos yo les estoy profundamente agradecido, pues son estos los que siembran la elevación de la energía de la tierra para que los demás puedan llegar a comprender.

A estos, yo les perdono todo, pues el compromiso es honorable y hace desaparecer cualquier duda.

JESÚS

158

Desvincularse

Hay que desvincularse.

No debes esperar a que las personas se mueran para desapegarte.

El desapego a través de la muerte es mucho más doloroso y cruel.

Desapegarse es no depender emocionalmente.

Cuando esperas la muerte de una persona para dejar de depender emocionalmente de ella, el sufrimiento es inconmensurablemente mayor.

Ella ya no está ahí. Ya no te puedes despedir...

Ya no puedes decirle cuanto la amas...

Ya no puedes confesarle la falta que ella te hace.

Cuando esperas que una persona se muera para desapegarte, todo se hace a trompicones, dando tumbos.

No hay calma, tranquilidad.

No hay paz.

No esperes que las personas se mueran para desapegarte.

Ve a buscarlas. Diles cuánto las amas, y que, a pesar de todo ese amor, vas a vivir tu vida. Ya no dependes de ellas. No las necesitas para ser quien eres.

Y el hecho de hacerte más autónomo no disminuye tu amor.

Apenas disminuye tu dependencia emocional.

El Universo algunas veces tiene que quitarte a las personas que tu amas para provocar el desapego.

¿Y si lo provocas antes?

JESÚS

159

Una puerta cerrada

Cuando una puerta se cierra, sólo la sentirás cerrarse si estás enfrente de ella.

Si estás ahí, parado. Obstinado.

Una puerta sólo se cierra con ruido y pérdida para quien sólo ve esa salida, y nada más.

Para quien está aquí arriba, elevado…

quien ve las cosas con el distanciamiento que el cielo promueve, quien sabe que todo lo que ocurre de malo es para hacerte cambiar de rumbo… esas personas no sienten que la puerta se cerró.

Sienten apenas que no es por ahí. O que hay otra puerta, y sólo hay que buscarla… o que no es el momento de que esa puerta se abra, y sólo hay que aprender a esperar.

Algunas veces las personas se empeñan tanto en volver a abrir una puerta que se cerró, que no ven que justo al lado hay un portón incomparablemente mayor abriéndose. Miran hacia la que se cierra, y son incapaces de desviar la mirada hacia la que se abre.

Distancia. El secreto es ganar distancia.

Distancia para ver el panorama de las oportunidades y de las imposibilidades.

Distancia para ver los dos lados de las cosas.

Distancia de la tierra para estar aquí en lo alto, más cerca de mí.

Jesús

160
Fragilidad

Si estás triste, quédate triste.

Aprovecha.

Si te apetece llorar, llora.

Aprovecha.

No todos los días consigues alcanzar ese estado de fragilidad.

Y la fragilidad es grandiosa. Te hace revaluar las cosas, las relaciones.

Hace que te cuestiones a ti mismo.

Vuelve a encender la llama de la sensibilidad absoluta, la lágrima en la esquina del ojo, preparada para brotar.

Y esa sensibilidad es tu gran arma. Con ella recibirás las intuiciones, órdenes cósmicas para avanzar.

Sin esa sensibilidad y esa fragilidad, tu vida se queda en el plano mental, y tu recorrido energético queda anulado.

Esa tristeza es bienvenida. Forma parte del ciclo de las fragilidades. Y ese ciclo tiene que ser respetado.

Hay días en que te despiertas bien y otros en que te despiertas mal. Es un ciclo alternado y dual, sin fin, donde vas trabajando la tristeza, llorando, haciendo tus lutos particulares, para que cuando cambie el ciclo y venga la alegría, esta sea verdadera, grandiosa, limpia y generosa.

Respeta los ciclos. Respeta tu tristeza así como respetas tu alegría.

Y recuerda que los hombres que respetan los ciclos son muy bienvenidos en el cielo.

Jesús

161

¿Qué te mueve?

¿Cuál es tu compromiso?

¿Con quién es tu compromiso?

¿Tu compromiso es con tu ego, que te puede dar las cosas que tanto aprecias como el dinero y bienes materiales?

¿Es con él tu compromiso?

¿Es por eso que corres?

¿Es eso lo que te mueve?

¿O es con tu alma?

Es por ella que vives, es a ella a quien escoges en cada minuto de tu vida…

¿Escoges esa paz, esa tranquilidad, esa sensación de que todo está en su lugar?

Por más que duela, por más difícil que sea, sabes que es por ella que aceptas vivir la realidad de tus días, es por ella que rechazas la ilusión y buscas la verdad.

Siempre la verdad.

¿Con cuál de ellos es tu compromiso?

Con tu mente, que quiere que tú creas que todo va a salir bien, siempre que ignores el dolor diario de tu pecho…

O con tu esencia, que pide que llores el dolor hoy para que mañana te sientas realmente mejor… verdaderamente bien.

¿Con quién es tu compromiso?

Con tu yo externo que quiere ropas caras, coches y casas envidiables y una posición social sólida…

O con tu yo interno que apenas quiere amor, apenas quiere amor y apenas quiere amor…

El amor incondicional que envío desde aquí arriba, al tocar tu corazón, ¿te deja su marca para siempre?

¿Con quién te comprometes realmente?

Yo nunca voy a criticar esa elección, por peor que parezca; yo respeto tu elección, respeto siempre y eternamente todas tus elecciones.

Pero quiero saberlo.

Sólo lo quiero saber.

¿Cuál es tu compromiso?

JESÚS

162
Sensible

Yo sé que eres sensible. Tú puedes no saberlo, pero yo sé que eres sensible.

Tu sensibilidad vive en tus poros, en tus células, en tu vibración.

Cada vez que te hieren, el cielo se derrumba encima de tu cabeza. Y tú sólo necesitas entristecerte, mostrar tu fragilidad.

Como digo siempre: "Deja que duela para que pase rápido".

Tu sensibilidad es un trébol de cuatro hojas, es, tal vez, tu mayor don, el más grande de los grandes.

Más poderoso que ser inteligente es ser sensible.

Más poderoso que ser astuto es ser sensible.

Más poderoso que ser rico, guapo, capaz, simpático es ser sensible.

Más poderoso que ser fuerte es ser sensible.

Las personas sensibles sienten los dolores del mundo.

¿Duele? Duele.

Pero es infinitamente más verdadero, más armonioso, que bloquear la sensibilidad y andar por ahí, como un payaso, en la ilusión de que todo va a mejorar… porque sabemos que de esa manera no mejora nunca.

Ser sensible es tener conexión total, directa, ininterrumpida e irreversible. ¿Es más difícil? Lo es.

Pero, por otro lado, cuando se está bien, cuando se está feliz —y empiezan a ser muchas las veces en que eso sucede—, la alegría es inconmensurable.

Lo que sería alegría es ahora éxtasis.

Lo que sería felicidad es ahora estado de gracia.

Y los realmente sensibles, aquellos que ya aceptaron su sensibilidad plena y absoluta, los que ya no bloquean, los que aceptan sentir todo, todo, todo, ya saben lo que es estar en estado de gracia.

Y ya no quieren prescindir de él.

Y ya no quieren otra vida.

Jesús

163

Un día para mí

Quería verte sonreír.

Quería que cantases para mí.

Quería que me dedicases un día sólo a mí. Para escucharme, para sentirme.

Principalmente para sentirme.

Quería que me dedicases un día a mí, sin tristezas, sin lamentos.

Un día sólo de energía. Energía de amor. Quería que me sintieses, tranquila y libremente. Como un ritmo alegórico de luz.

Te quedarías así, quieto, sólo sintiendo, y despacito dejarías que yo entrase.

Primero entraría en tu corazón, y ahí ya empezarías a sentir mi amor.

Después, esta energía iría entrando en cada pedacito escondido de tu esencia, de tu cuerpo, de tu energía.

Y de ahí surgiría tu propia luz.

Y después de haberme dedicado un tiempo, yo brillaría en ti más que nunca.

Y acabado el día que me ofreciste, yo iría despacito saliendo de ti, pero te dejaría ahí quieto, vibrando por mí.

Y yo, desde aquí arriba, me quedaría feliz por haber conseguido, a través de ti, llevar un poquito más de luz a la tierra.

JESÚS

164

Calidad

¿Cuál es la calidad de tu amor?
   ¿Amas para expresar lo que hay en el interior de tu alma?
   ¿Amas porque sientes?
   ¿Amas para compartir lo que recibes de mí?
   ¿Cuál es la calidad de la demostración de tu amor?
   ¿Consigues amar y demostrar que amas?
   ¿Tu corazón consigue hacerse oír?
   ¿Consigues que las personas que amas se sientan amadas?
   ¿Consigues decir que amas?
   ¿Consigues decir cuánto amas?
   ¿O no?

JESÚS

165

El verdadero amor

Cuando se ama, una persona no necesita recibir nada a cambio.

El verdadero amor se siente y se da.

No es necesario recibir. Aun cuando lo que se recibe es lo contrario de lo que se dio, el amor no se evapora.

El verdadero amor es el que ama solamente.

Si tiene un retorno satisfactorio, fenomenal.

Pero no depende de eso.

Quien está siempre exigiendo, quien necesita que otro haga esto o aquello para poder amar, ese no ama.

Ese tiene una idea ficticia de lo que le gustaría que su amor fuese.

Y exige que sea así.

Eso no es amor, es ilusión.

Y, como sabes, en el juego de la ilusión sales siempre perdiendo.

Quien necesita que otro haga esto o aquello, diga esto o aquello, sea esto o aquello, está manipulando un muñeco.

Y eso no es amor. Eso es control.

Quien ama verdaderamente, siente que su amor es incondicional. Es un amor puro, genuino, sin los "si no" ni los "por qué".

Ama, simplemente.

Como yo.

Como yo te amo a ti.

Jesús

166
Atención

Yo estoy en el ruido que la cuchara hace cuando remueve el té.

Estoy en la naturaleza, en las más ínfimas cosas.

Dar atención a las más pequeñas cosas es darme atención a mí.

Yo sé que quieres darme atención cuando meditas, rezas o elevas tus pensamientos al cielo. Eso yo lo entiendo y lo agradezco.

Pero date cuenta que también estoy ahí abajo dando luz a las más pequeñas cosas… a las que tú no das importancia.

Tú piensas que yo sólo estoy en las cosas importantes y sólo das importancia a las cosas importantes.

¿Y si yo te dijera que estoy en la lluvia que cae, en la flor que pisaste, en el animal que no cuidaste, en toda y cualquier manifestación de vida?

¿Y si yo te dijera que estoy en el ruido que la cuchara hace cuando remueve el té, que estoy en el propio té y en la soledad de quien remueve el té?

¿Y si yo te dijera que estoy dentro de ti, dentro de tu pecho, dentro de la cosa más importante de este mundo a la que tú no das ninguna importancia?

¿Y si yo te dijera que estoy dentro de las lágrimas que brotan de tus ojos cuando decides llorar y liberar toda esa emoción contenida?

¿Y si yo te dijera que estoy en esa sonrisa larga y abierta, sonrisa franca de quien llora cuando es necesario y se alegra en los momentos buenos de la vida?

La próxima vez que vayas a hacer la cosa más ínfima de este mundo, piensa en mí.

Abre el corazón y déjame entrar.

Yo estaré ahí.

Jesús

167

Aprovecha

¿Te has dado cuenta ya de que algunas veces tienes cosas en tu vida que te llenan de alegría? ¿Situaciones inesperadas y felices, o la concretización de asuntos por los que esperaste tanto tiempo?

¿Has notado ya que algunas veces, aunque sea por breves momentos, eres extremadamente feliz?

¿Y qué haces con toda esa felicidad? ¿Aprovecharla al máximo? ¿Disfrutas esa felicidad? ¿Aprovechas para sentir, sentir, sentir, para compensar con aquellos días menos buenos que pasas llorando?

¿Qué haces con toda esa felicidad?

Vas corriendo a contárselo a alguien. No consigues vivirla primero intensamente sólo para ti.

¿Y ya te has dado cuenta que esa persona a la que tú se lo cuentas nunca te devuelve la misma energía?

¿Ya has notado que ella, como no está dentro del asunto, se limita a quedarse contenta por ti (cuando se queda)?

Tú vas contando, y como la persona no se anima, crees que el problema es de esa persona, y se lo cuentas a otra que tampoco se anima; de este modo, te vas marchitando, marchitando... y llega un momento en que quien ya no se anima eres tú.

¿Qué es lo que hiciste incorrectamente?

Disipaste esa energía. La dispersaste con los demás. No la guardaste para ti, para llenarte, para iluminarte.

Si te das cuenta, nunca guardas nada para ti. Y después culpas a los demás de que no se animan con tus cosas, que no te entienden.

Y llega un momento en que, como ellos no se interesan, ya ni tú te interesas. Aprende una cosa: algunas veces tenemos que guardar algo sólo para nosotros.

Es como si fuese un secreto.

O, por lo menos, por un tiempo. Sólo para nosotros.

Aprovecha, anímate, interésate. Y quédate con esa energía. Algunas veces parece que vas a explotar. Pero quédate así.

Ese es tu alimento energético.

Ese es tu alimento de luz.

JESÚS

168

Amor y dolor

Hay una diferencia clara entre el amor y la fragilidad.

El amor es una frecuencia única de satisfacción, de entrega, de donación.

El amor es un acto solidario de un alma hacia otra alma.

Es cuando los chakras del corazón se encuentran definitivamente y vuelan rumbo a la dimensión de los cielos.

Es lo más elevado de todo. El amor es el patrón de frecuencia vibratoria más alto que un ser humano puede anhelar.

La fragilidad es lo opuesto a la resistencia.

Permitirse estar frágil es optar por desligarse. Es prescindir del control. Es aceptar la dirección del cielo, tanto en la vida como en las emociones.

Permitirse estar frágil es dejarse ir con la corriente, sin miedos ni resistencia, sólo por el simple hecho de que es así como tiene que ser.

Sólo por el hecho de que así, sin controlar nada, es la única manera de que nos dejes guiar tu vida, a través de consejos sabios que se manifiestan por medio de tu intuición.

Yo sólo consigo hablar —y dejarme oír de— con quien está frágil. Sólo consigo comunicarme con quien prescinde del ego y no quiere saber todo.

Todo, lo sé yo.

¿Y por qué te transmito un mensaje acerca de la diferencia entre el amor y la fragilidad?

Simple. Porque si no te permites estar frágil, no vas a amar nunca.

Si no te dejas ir al sabor de las corrientes de la emoción, si no te dejas diluir en el dolor cuando viene, si no accedes al dolor cuando viene, repito, nunca podrás entregarte al sentimiento que más dolor provoca.

El amor.

Y cuando aceptes que sólo aceptando el dolor cuando viene,

sólo sabiendo que para que las cosas sean buenas tendrás que vivir algunos momentos de dolor, sólo cuando aceptes completamente que todo esto es dual, y que es necesario armonizar y aceptar los dos lados, cada uno a su tiempo, sólo en ese momento estarás preparado para entregarte definitivamente, incondicionalmente, al amor.

Jesús

169

Dos caminos

Asumir la dirección de la vida. Sentir lo que hay que hacer. Hacer lo que se tiene que hacer. Hay momentos en que la vida te conducirá a una bifurcación tan clara, tan nítida, que vas a tener realmente que escoger.

Puedes no querer escoger.

Puedes no querer tener que tomar una decisión.

Pero va a haber un día en que la propia vida se va a encargar de llevarte a una bifurcación perfecta, más que una bifurcación, una línea recta. O vas para un lado, o vas para el otro.

Contrarios. Opuestos. Y tienes verdaderamente que elegir. No puedes quedarte parado. No puedes ir en frente. No hay camino en frente.

O vas para tu derecha o vas para tu izquierda.

Es en ese momento cuando tienes que asumir la dirección. Tienes que concentrarte. Tienes que interiorizar.

Pensar, nunca.

Es lo que las personas más hacen en el momento de escoger, piensan.

No.

Ese es el momento de venir aquí arriba. Venir aquí arriba a escoger la luz.

Siempre que la vida te presente una bifurcación, o una línea de opuestos en la que tienes que escoger, normalmente hay dos opciones.

Uno de los caminos es de luz.

El otro es casi siempre de densidad.

No estoy diciendo que uno sea correcto y el otro incorrecto.

No estoy diciendo que tienes que escoger el correcto.

Hasta puedes escoger el incorrecto.

Lo que interesa es la lucha entre la luz y la densidad que se presenta para que hagas tu elección.

Como ves, no es la hora de pensar. No es la hora de ponderar.

Es la hora de subir aquí arriba, intentar sentir donde está la luz y seguirla.

Esa es la dirección.

Eso es lo que es asumir la dirección de la vida.

Dos caminos. Tener que escoger. Aceptar escoger la luz.

Asumir la dirección. Venir aquí arriba a sentir cuál de los dos caminos es de luz.

Escoger. Seguir ese camino.

Esta es la mecánica.

Buena suerte.

JESÚS

170

Inicio exacto

Puedes encontrar el significado de los problemas.

Cada cosa que te sucede habla contigo.

El Universo está siempre hablando contigo.

Cada situación en la que te encuentras tiene un significado.

Cada situación tuvo un inicio. Un punto cero.

Un momento en el que ese asunto empezó.

Y es en ese momento dónde está la respuesta.

Pero ese momento puede no ser el inicio exacto.

Y cuando yo digo inicio exacto significa que, a pesar de que pienses que el inicio de tu problema fue cuando empezó, puede que no sea así.

El inicio exacto de un problema que estalló en tu vida hace una semana puede situarse hace un año. Cuando se fundaron las primeras bases.

Y es en ese inicio exacto que reside el problema.

Y la solución.

¿Qué energía estabas emanando en el inicio exacto de ese problema?

¿Cuándo empezó, realmente?

Y después de responder a esta pregunta, piensa: la energía que emanabas en ese inicio exacto, ¿no es igual a la energía del problema que estás atrayendo ahora?

Relaja tu pecho y pregúntale:

¿Cuándo fue que esto empezó?

¿Cuándo fue el inicio exacto?

¿Qué energía estabas atrayendo en ese momento?

Y a partir del momento en que encuentres la energía inicial del problema —la energía que emanaste—, en ese momento podrás estar haciendo historia.

En ese momento tendrás la rara oportunidad de poder revertir la energía, transformándola en su propio polo opuesto.

Como ves, es posible aprender con las experiencias y cambiar el rumbo de los acontecimientos.

Y en ese momento, cuando consigas seguir este proceso tan largo y doloroso, tendrás energía para subir tu frecuencia y nunca más volverás a atraer situaciones con energía similar.

Yo te lo garantizo.

JESÚS

171

Perfeccionismo

Siempre que tengas un problema —sea cual sea—, intenta comprender lo que emanaste en su inicio exacto (para aprender cómo se hace esto, lee el mensaje anterior).

Cuando comprendas lo que emanaste para estar atrayendo esto ahora, hazte la siguiente pregunta:

"¿Por qué insisto en emanar esta frecuencia energética?

¿Qué es lo que quiero esconder?"

Sea cual sea la respuesta, vas a encontrar un denominador común a todas las respuestas.

"Yo quiero esconder mi imperfección".

Quieres ser perfecto para los demás, para ser amado, para no ser rechazado.

En resumen:

Toda y cualquier acción que tenga detrás, por muy ligera que sea, la necesidad de perfección, la no aceptación de las limitaciones, no llegará a buen puerto. Habrá problemas.

Por eso es tan importante comprender cuál es la emoción que está detrás de una persona que quiere ser perfecta.

Porque esa emoción se llama karma.

Jesús

172

Hazlo primero

Las personas son lo que son.

No puedes hacerlas mejores, ni puedes hacerlas peores.

No puedes hacer nada por ellas que ellas no hayan elegido primero.

Lo que puedes hacer es ayudarlas a escoger. Eso sí.

¿Y cómo ayudarlas a escoger?

Escogiendo tú primero.

Haciendo tu propia elección.

Escogiendo la luz, cambiando la frecuencia vibratoria.

Porque cuando ellas vean que tú cambiaste, creerán finalmente que es posible cambiar.

Y cuando comprendan que es posible cambiar, se mirarán a sí mismas.

Y van a intentar cambiar. Y esa tentativa ya es un cambio, ya es un cambio tremendo el hecho de que ellas crean que cambiar es posible.

¿Entiendes por qué es tan importante que cambies tú primero?

Y podrías decir: "Pero cambiarme a mí mismo es más difícil".

Claro que lo es. Por eso es tan importante.

Si quieres que una persona haga una determinada cosa, hazla tú primero.

Si quieres que una persona actúe de determinada manera, actúa tú primero.

Puede ser que ellas no hagan lo que tú querías, pero tu cambio ya habrá empezado.

Y eso es lo verdaderamente importante.

Jesús

173

Resistencia

Piensa en un soldado.

Piensa que ese soldado está en la guerra. Piensa en cómo se está sintiendo.

Un soldado, en la guerra, en el campo de batalla, con balas perdidas, compañeros muertos, ¿cómo estará aquel corazón?

Estallando.

Estallando de emoción, de ansiedad, de muerte, de tortura y de brutalidad.

El corazón de aquel soldado que un día fue niño y creyó en la vida, que un día le pidió a Jesús que las guerras se acabaran y que todos los hombres del mundo confraternizasen y viviesen como hermanos… Y ahora está ahí, en la antípoda de su sueño, en aquella trinchera ensangrentada teniendo que digerir toda su historia energética.

¿Por qué piensas que ocurre todo esto?

¿Por qué crees que un niño que quería la paz es colocado en un escenario de guerra?

El Universo es perfecto, digo yo.

"¿Cómo puede ser perfecto?", preguntas tú.

Piensa que el hombre va a la tierra a hacer vibrar su luz en medio de la densidad.

Piensa que el hombre, para hacer vibrar su luz, necesita perder resistencia.

Piensa que, por más que le enviemos eventos, por más que atraiga circunstancias, adversas o no, por más que viva de esta o aquella manera, lo importante es perder la resistencia.

Y, por más que le avisemos, por más que le enviemos experiencias, el hombre insiste en ser fuerte, tener fibra, mantener y aumentar su resistencia.

Y cuantas más guerras atrae, en vez de permitirse estar frágil y entregarse a la luz, a la emoción, él más resiste, resiste y resiste.

Aun cuando comprende que cuanto más resiste, peor van las

cosas, aun así no desiste de dar oídos a aquella voz incansable y fatídica llamada ego.

Sería más fácil que comprendas que, si con esa frecuencia vibratoria las cosas no salen bien, debes subir tu frecuencia.

Sería más fácil.

Pero no. Prefieres pensar que sabes la solución de todo y cada vez te hundes más.

Y tú, ¿cuándo lo vas a comprender?

JESÚS

174

Solamente ama

El amor, ay, el amor. ¿Sabías que más de la mitad de la humanidad no abre su corazón por miedo al rechazo?

¿Sabías que más de la mitad de los hombres esperan ser amados para poder amar?

¿Sabías que mucha, mucha gente se queda con su pareja porque se siente amado, a pesar de no amarla?

Piensa así.

Imagina que una persona ama a alguien.

Ese alguien no le corresponde. Imagina que, en vez de quedarse vibrando por ese rechazo, esa persona solamente amase.

Solamente se concentrase en el amor que sentía.

Sin esperar nada a cambio, apenas se concentraría en la fuerza de su propia vibración. ¿Qué ocurriría?

Ocurriría que ella no se sentiría rechazada y, como tal, no encogería su amor y no viviría en restricción.

No. Ella amaría.

Solamente amaría. Y eso subiría su energía de tal forma que, eventualmente, hasta podría atraer el amor verdadero.

JESÚS

175

Nueva vida

Una nueva vida llama por ti ahora.

Nueva vida, nuevas personas, nuevos acontecimientos.

El pasado murió. Tiene que morir.

Todo lo que valía hasta aquí, ha dejado de valer —o a lo mejor nunca valió. Todas las hipótesis que se presentaban viables dejaron de serlo.

Has venido aquí para morir. Para debilitar, romper y limitar tu resistencia.

Nada tiene que ser perfecto. Pero tiene que ser nuevo.

Nueva vida, nuevas oportunidades.

Las cosas que antes tenían valor han dejado de tenerlo. Cualquier cosa que quieras usar que sea del pasado, cualquier persona, ocasión, circunstancia o forma de actuar, cualquier miedo de sentir, todo eso será ahora extremadamente penalizado.

Se acabó el ciclo.

Se acabó el flujo.

Ahora, quiero todo nuevo.

Deja que la vida se presente y vas a ver lo maravillosa y certera que es.

Jesús

176

Lo mejor

Ve a buscar lo mejor que hay en ti.

Esos ojos, que hablan con la expresión del alma.

Ve a buscarlo.

Deja que salga la Diosa (Dios) que eres.

Todos ustedes son Dioses. ¿Por qué intentan escapar de esto?

¿Por qué intentan esconder, manipular, mentir, seducir, alcanzar lo que no es de ustedes?

Ve a buscar lo mejor que hay en ti.

Tienes una esencia. Tienes una luz. Tienes un alma.

Vibrar por ahí te va a hacer brillar. Brillar aún más.

Ve a buscar tu luna, tu vida inconsciente.

Sácala, mírala a los ojos y prescinde de ella.

Sólo ahí voy a conseguir tocar tu corazón. Y éste, al sentir mi toque, va a reaccionar. Se va a abrir, va a sonreír, va a iluminarse de alegría.

Pero tienes que tener conciencia y escoger ir a buscar lo mejor de ti.

Deberá ser una elección diaria, hora a hora, minuto a minuto, instante a instante.

En cada circunstancia, a cada rechazo, juicio o culpa, escoge lo mejor de ti. Llora lo que tienes que llorar, pero escógete a ti.

Y vas a ver que a costa de que esto ocurra, la vida cambia de frecuencia y las cosas empiezan a sonreír otra vez.

JESÚS

177

No compromiso

Vibra por el no compromiso.

No estás comprometido con nadie ni con ninguna cosa.

Nadie "tiene" que estar comprometido contigo.

Nadie "tiene" que hacerte nada.

Todo lo que las personas te hacen forma parte de la frecuencia vibratoria que la persona escogió para sí.

Las personas no te hacen las cosas a ti. Ellas se hacen las cosas a ellas mismas.

De todo eso, sólo te llegará el fardo que te quepa cargar.

Piensa que nadie "debe" nada. Que nadie "tiene que" nada.

Piensa que cada uno tiene sus propias restricciones y responde a ellas.

Permaneciendo en la densidad o escogiendo la luz. Yo digo permaneciendo en la densidad porque tu ya estás en la densidad. Si te quedas como estás, permanecerás en ella.

Para evolucionar, es necesario cambiar.

Escoger la luz.

Escoger la más alta vibración que se consiga alcanzar y quedarse en ella.

Permanecer en ella.

Y en cada etapa el ser sube más alto, hasta que un día conseguirá librarse de la miseria y venir a vibrar cerca de Mi luz.

JESÚS

178

El lado bueno

Hoy vamos a trabajar el lado bueno.

La felicidad de estar vivo, la alegría de poder escoger la mejor frecuencia de vibración.

Hoy vamos a celebrar. Vamos a festejar el hecho de que la vida, por más dual que sea, tiene un lado bueno.

Hoy no es necesario que llores. No es necesario que trabajes las pérdidas, las tristezas ni el cansancio.

Hoy es el día de adorar la comunión. El hecho de que hagas parte del todo que es la vida, y de que comprendas que hay muchas sorpresas reservadas para ti en esta jornada.

Estamos preparando todo con mucho cuidado. Estamos uniendo esfuerzos para que todo el trabajo que has hecho sea recompensando.

Estoy programando la venida de una estrella, para que te guíe desde más cerca.

Esta es mi manera de decirte que te has portado bien.

Esta es mi manera de decirte gracias.

JESÚS

179

Juicio

Sabes que no aconsejo el juicio.

Sabes que juzgar es creerse más que los demás.

Y considerar que sabes todo, y que los demás no saben nada.

Es considerar que sólo tú tienes la receta para el buen desarrollo de los acontecimientos, y que todas las tentativas que los demás emprendan son inútiles o descabelladas.

Eso es juzgar.

Juzgar es incitar a la separación.

Ahora, quiero hablar sobre el análisis.

Analizar es pensar si una cosa es correcta o incorrecta según el punto de vista de tu propia energía.

Y eso yo lo recomiendo vivamente.

Hay personas hoy, que no analizan nada con miedo de estar juzgando.

Piensan que el propio hecho de analizar, intentar comprender lo que es bueno o malo para ellas mismas, es un juicio.

Y al haber perdido el poder de análisis, siguen adelante sin comprender nada de lo que les sucede.

En resumen, puedes pensar así:

Si yo considero que una persona o cosa son ciertas en relación a mi propia energía, estoy analizando.

Si considero que el otro "tendría" o "debería" hacer algo de forma diferente, y que es un "esto" o un "aquello" por no haberlo hecho, eso es juicio.

Como decía alguien ahí abajo:

"Puedo no concordar contigo, pero voy a enfrentar el mundo para defender el derecho que tienes de hacerlo".

Y esto marca una gran diferencia.

JESÚS

180

Todo sirve

Todo sirve para que trabajes. Todo sirve para, al ir al meollo de las cuestiones, al ir al centro de la emoción que esas cuestiones te provocan, liberar más y más densidad, liberar más y más karma.

Ustedes son objetos de memoria. Ustedes son seres prácticamente exentos de presente.

Tienen 80% de pasado y 20% de miedo de ir a ese pasado, proyectando todo en el futuro.

"Yo voy a hacer".

"Yo voy a conseguir".

Son expresiones típicas de quien proyecta en el futuro todas sus esperanzas, no comprendiendo que el futuro está hecho de las elecciones que hagas hoy.

Y para poder hacer elecciones hoy, deberás estar sintonizado con el ahora, sabiendo responder a los impulsos que el ahora te trae, con la intención de liberar densidad. Y sólo liberando densidad hoy, es como estarás limpio para hacer elecciones hoy que construirán, a su vez, un mañana mejor.

Como dije hace poco, todo sirve para que trabajes el ahora.

Todo lo que te ocurre, absolutamente todo. Si tropiezas en la escalera, si un hijo o un pariente te provoca hasta la saciedad, todo sirve para identificar lo que sientes.

Y en ese minuto en que estés atento a lo que sientes, considera que esa emoción es una memoria de una vida pasada en la que estuviste en una situación idéntica. Y llama al tubo de luz para que aspire esa densidad de tu pecho.

Sólo. Esta es una mecánica. Ahora te cabe a ti escoger dónde utilizarla.

Yo digo que puedes siempre. A cualquier hora, en cualquier lugar.

Siempre que alguien o alguna cosa te piquen, te hagan sentir algo desagradable.

Esta es la mecánica.

Úsala.

JESÚS

181
Madre

Siéntate. Siéntete.

Siente el pulso de cada una de tus venas. Siente cada nervio, cada músculo. Siente el sonido de tu corazón. Siéntete entre tantos movimientos peristálticos.

Ahora que ya has sentido tu cuerpo, siente tu alma. Siente como brilla. Siente su brillo.

Y aunque no veas como brilla, cree en el brillo que ella emana y que no se cansa de crear.

Ahora siente la luz. Una luz encantadora, que viene de aquí arriba, del cielo, y que hace brillar todo a tu alrededor.

Y ese brillo se une al brillo de tu alma, y somos uno sólo.

Y por unos instantes eres uno con la naturaleza, con el cielo, con el cosmos.

Y por un minuto eres Dios.

Y cuando pasen muchos años, cuando soplen muchos vientos, aquella luz va a seguir estando ahí aún, aquel brillo intenso que despierta a la humanidad.

Aquella luz, hijo mío, es la madre.

La madre es una energía. Y si es energía, aquella es La Energía.

Vas a sentir que esa luz cuida, trata, cura y es una gran compañera.

Esa luz te comprende, te siente, y es de trato fácil. No te maltrata, por el contrario, busca siempre lo mejor de ti.

Esa luz es tu madre. No pienses que estás traicionando a tu madre verdadera de esta vida. ¡No! Tu madre de ahí es y siempre será tu amor, tu referencia en la tierra, en la materia.

Pero tú necesitas más.

Y hoy vas a tener más.

Vas a tener a tu madre en luz. De aquí arriba, del cielo.

Siéntate. Siéntete.

Y deja que esa luz entre.

Vas a sentirte ligero, vas a sentirte limpio, vas a sentir que todo vale la pena. Vas a comprender el motivo de los errores. Vas a comprender al cielo que te está esperando, cuando escojas aceptar.

Vas a comprender la nueva versión del tiempo, y del nuevo tiempo que viene con la elección.

Vas a sentir la elección.

Y al final, cuando ya hayas sido bañado por tu madre luz, cuando ya hayas sentido el perdón eterno a todas las criaturas, vas a sonreír. Y esa sonrisa se quedará clavada en el cielo esperándote.

Como una señal.

Como una señal que espera una luz.

Y esa luz eres tú.

JESÚS

182

Calma

Hay una calma.

La calma de los justos. De aquellos que hacen lo que tiene que hacerse.

De aquellos que están donde tienen que estar.

Sea ese el lugar que sea.

Y esa calma es la mayor prueba de que todo lo que sucede tiene que suceder. Pero esa calma es más.

Quiere decir que también hiciste lo que era necesario para que las circunstancias se desenvolviesen.

Es la calma del "Finalmente, el fin". Es la calma del deber cumplido.

Del deber cumplido y del alma emancipada.

JESÚS

183

Aceptar sentir

Permítete estar solamente sintiendo. Tal y como estás. Respeta eso.

Algunas veces no te gustaría estar sintiendo eso, algunas veces preferirías estar sintiendo otra cosa.

"Yo sé que el rumbo de los acontecimientos no debería ser cambiado, pero estoy sintiendo lo contrario…"

Lo que estás sintiendo es lo que es. Respétalo y hónralo. Honra lo que estás sintiendo ya que ese es tu bien más preciado.

Todo lo que hiciste hasta aquí, todo lo que has vivido hasta hoy, no ha hecho más que prepararte para esa gran verdad.

Tú eres lo que sientes.

Tú eres lo que amas.

Y contra eso podrán venir huracanes, tornados y maldiciones.

Pero hasta que no aceptes lo que sientes, aunque eso eche todo a perder, aunque eso te lleve a las calles de la amargura… hasta que no aceptes lo que sientes, no conseguirás ser un ser humano con un sistema energético definido. Éste será vago, escurridizo y hostil.

Lo que sientes es tu bien más precioso. Pero para que la piedra brille, hay que aceptar lo que se siente y, principalmente, cumplirlo.

Aceptar es apenas parte del proceso.

¿Y no quieres quedarte a medias, verdad?

JESÚS

184

Disculpa

¿Sabes lo que quiere decir la palabra "disculpa"?

"Dis-culpa; negación de la culpa; quítame la culpa".

¿Qué quiere decir eso? Quiere decir que las personas piensan que sólo deben pedir disculpas cuando hacen algo equivocado, a propósito.

¿Quiere decir esto que cuando lo que hiciste no fue intencionado, no debes disculparte?

¿Y el otro?

¿El que sufrió?

¿No comprendes que, a pesar de no ser intencionado, le hiciste sufrir? ¿Qué él sufrió por tu acción? ¿Intencionada o no?

Tenemos que responsabilizarnos de todos nuestros actos.

Y si lo que hiciste no fue intencionado, pero con tu acción hiciste a alguien sufrir, discúlpate.

Pide disculpas.

Cuida de esa persona.

Está claro que ella lo atrajo. Atrajo que tú la hicieras sufrir para procesar su dolor, y en último lugar para desbloquear. Pero eso no te quita tu responsabilidad.

El hecho de que hayas sido el instrumento que el cielo utilizó para desbloquear, no implica que hayas hecho una elección consciente o inconsciente que hizo que el otro sufriera.

Sea la circunstancia que sea, tienes responsabilidad en ese sufrimiento. Debes cuidarlo.

"Disculpa. No te quise hacer sufrir".

"No sabía, no entendí. Disculpa".

Y dale un abrazo. El abrazo es un gran curativo.

Y así saldrás de la situación energéticamente limpio.

Todas las personas se equivocan. Ese no es el problema. La gran cuestión es cómo encaras tus errores.

Y ni todas las personas saben pedir disculpas.

Jesús

185

Presión en el pecho

Es la presión en el pecho. Es esa presión en el pecho. Esa es la señal.

Te has pasado toda la vida ignorándola, pasando por encima de ella, como si no tuviese importancia. Como si ella no formase parte de ti. Como si no fuese tu alma gritando, llamando.

Siempre que hacías algo que te provocaba esa presión, siempre que decidías algo, elegías algo, pensabas en algo que te provocaba esa presión en el pecho, pensabas que era algo extraño, pero... seguías adelante.

"La vida está para ser vivida", pensabas.

Esa presión no te paraba, no te detenía, no te hacía revisar tu situación. No te hacía retrasar el camino, al menos hasta saber de qué se trataba. No.

Esto ya se pasa. Es ansiedad. Es depresión. Voy a tomar alguna cosa, esto ya se pasa.

Pero la presión no se pasa. Hasta que te acostumbraste a vivir con ella, a convivir con ella.

Hasta que ella pasó a formar parte de ti.

Pasaste a pensar que era natural, vivir era así, la vida era así.

Y tu alma, que está gritando, pidiendo socorro, pidiendo ayuda, sólo sabe hablar contigo de esa manera. A través de una presión en el pecho.

Y al despreciar ese dolor, estás despreciando a tu alma.

Y ella te necesita tanto...

Necesita tu atención, tu respeto y tu discernimiento. Necesita tu camino, tu astucia y tu inteligencia.

No para que la maltrates, excluyas y para que finjas que ella no existe.

No para que la rechaces, para que le faltes el respeto o para que la cambies.

No.

Ella te necesita para que seas quien eres, verdaderamente y libremente.

Necesita tu sabiduría para manifestarse.

Y necesita tu elección para acceder a la luz.

JESÚS

186

Exponte

Exponte. Exponte. Exponte.

Sólo te puedo decir eso.

Puedo y tengo que llamarte la atención para que te expongas, para que muestres a lo que vienes, para que pongas el corazón encima de la mesa, y que lo hagas con el alma abierta.

Quien no lo entienda, no lo ha entendido. Pero no es por eso que vas a dejar de ser quien eres y de mostrárselo al mundo.

El mundo sólo existe para que tú te expongas sin tener miedo de ser rechazado.

Sin tener miedo de ser ridiculizado.

¿Cuántas cosas dejas de hacer por miedo a exponerte?

¿Cuántas experiencias no has vivido por miedo a equivocarte?

El miedo a equivocarse hace que la persona no se exponga.

Y cuanto menos se expone, más se va hundiendo en un pozo de conformismo y monotonía.

Llegará un día en el que, de tanto esconderse, de los demás y de sí misma, despertará y ya ni sabrá quién es. No sabrá quién fue. Y no tiene idea de lo que será.

La vida está hecha de experiencias. Siempre que rechaces alguna de ellas por miedo a exponerte, por miedo a equivocarte y ser juzgado, cada vez que renuncies a ti mismo en nombre de la no exposición y, consecuentemente, de la tentativa de no ser juzgado, estarás quitándole experiencias a tu alma, y al quitarle las experiencias también le quitas el aprendizaje y la sabiduría.

Acuérdate siempre. Lo importante no es si se trata de un error.

La cuestión no es que pares de equivocarte. El mundo es imperfecto, tú eres dual e imperfecto y, por tanto, lo más probable es que continúes equivocándote.

Te expongas o no.

Lo importante es cómo reaccionas ante el error, lo que aprendes con él y cuánto evolucionas a base de cometerlo.

Es otra lógica, lo sé, pero es así.

Jesús

187

Karma

Imagina una cosa que quieres, pero que no consigues hacer.

O mejor, puede ser que ni la quieras, porque sabes que el hecho de hacerla te traerá un dolor inmenso.

Puede que ni la quieras, pero SABES que tienes que hacerla.

Lo sabes, no con tu sistema mental, no con tu ego.

Lo sabes porque intuyes, y esa es la sabiduría más grande.

Piensa en una cosa que sabes que tienes que hacer, pero que simplemente no consigues hacer. No sale. No funciona.

Puedes intentarlo incluso, pero no eres capaz. Piensa en ella. Quédate así.

Quédate sólo pensando en eso.

Vas a notar que alguna cosa va a ocurrir dentro de tu pecho. Un miedo. Una presión. Unas ganas de huir incontrolables.

Tal vez, ese sea tu mayor nudo.

Tu mayor dificultad.

Uno de tus karmas. Un karma es algo que en otra vida dolió mucho, fue bloqueado, y del que en esta vida huyes con todas tus fuerzas.

Tienes memoria de esa vida, en la que dolió tanto. Memoria inconsciente, pero no deja de ser memoria.

Y esa memoria hace que no consigas, en esta vida, hacer algo semejante.

Y puedes preguntarme: "Si no lo consigo, ¿por qué lo quiero, por qué sé que tengo que ir ahí?"

Y yo respondo: Porque el karma tiene que ser desbloqueado en esta vida.

Y si vienes a esta vida a limpiar tu karma, hasta que no vayas a esa memoria, a vivirla otra vez, a aceptar ese dolor, no liberarás esa energía kármica y por tanto, no estarás haciendo nada aquí.

En resumen:

Descubre lo que más te cuesta hacer, piensa en hacerlo, deja que el miedo se apodere de tu pecho, abre tu pecho, retira esa densidad, llora, si es necesario, pero límpialo.

Y cada vez que pienses en el asunto dolerá menos. Y cada vez que lo intentes, lo conseguirás más.

Es así como se empieza a limpiar el karma. Es así como se empieza a dar sentido a la encarnación.

JESÚS

188

Apariencias

Piensa en una cosa que esté resuelta en tu vida.

Ha costado resolverla, pero ya está resuelta.

Tardó, costó mucho, pero lo conseguiste.

Piensa en una cosa que aparentemente esté resuelta. Piensa en ella.

Imagínala como quieras.

Y, ahora, empieza a deshacerla.

Todo lo que te aparezca en la imagen, deshazlo. Quítale las capas de materia y las capas de defensa.

Y cuando termines de deshacerlo todo, quedará sólo una emoción.

Deja que esa emoción crezca dentro de tu pecho. Deja que esa emoción, por más extraña que pueda parecer, crezca dentro de tu pecho. Deja que se apodere. Empieza a respetarla. Aunque parezca contradictoria. Aunque no la comprendas.

La emoción es la dueña de todas las sabidurías. Simplemente acéptala, sea la que sea.

Y vas a ver como la situación no está tan bien resuelta como parecía.

JESÚS

189

Un héroe

¿Quién es tu héroe? ¿Cómo es? ¿Qué cualidades tiene?

¿Qué es lo que más admiras en él? ¿En qué te reflejas?

"Ay, me gustaría tanto ser como él, tener lo que él tiene, hacer lo que él hace…".

¿Ya te has encontrado pensando esto?

Y ¿sabes lo que eso significa?

Significa que quieres ser, tener o hacer lo que no es para ti, por lo menos ahora.

Significa que pierdes tanto tiempo en enfocar tu atención en otra persona, en lo que tiene, que no dejas espacio para concentrarte en lo mejor que hay en ti.

Yo no estoy diciendo que nunca vas a ser, tener o hacer lo que esa persona es, tiene o hace. No es eso.

Lo que estoy intentando decir es que, sea lo que sea que quieras ser, tener o hacer, tendrá que nacer de lo que tú ya eres, tienes o haces. Ese es el punto de partida. Es a partir de ahí, de lo que tú ya tienes, que vas a ampliar tu dinámica.

Eres tú quien amplías lo que ya existe, no es alguien que existe y te pasa todos sus dones.

Hasta porque, cuando te enfocas demasiado en lo que una persona es, tiene o hace, el enfoque queda muy limitado, no ves a la persona como un todo. Es como si ella sólo tuviera cualidades, no tuviese defectos. Y así, al querer ser como ella, en el fondo estás queriendo no tener defectos. Y eso no existe.

En resumen. Puedes tener héroes, querer ser otra persona que admiras, pero piensa que todo tiene que empezar en ti. Puedes ampliar lo que ya tienes. Puedes hasta pasar a ser o tener cosas nuevas para poder ampliarlas.

Pero no puedes, nunca, ser otra persona.

Simplemente porque no hay dos energías iguales.

Jesús

190

Meditación

Haz un ejercicio.

Cierra los ojos, respira.

Respira profundamente.

Deja que entre una luz por la cabeza. Aunque no la puedas ver, siéntela.

Siente mi luz entrando y recorriendo todo tu cuerpo.

Después piensa en las personas que quieres.

Considera que ellas están dentro de tu energía. Las llevaste ahí dentro, de tanto quererlas.

Y ahora retíralas una a una de tu energía.

No importa el tiempo que tardes en hacer este ejercicio.

Retíralas una a una de tu energía.

Pide para que cada una de tus células se abra para expulsar la energía de esas personas de tu sistema energético.

No las estás echando de tu vida, sólo estás echándolas de tu sistema energético. Cuando termines, respira otra vez. Profundamente. Y deja que mi luz entre por tu cabeza y recorra todo tu cuerpo.

Otra vez.

Ahora vamos a tu trabajo. Trabajo o estudio, sea lo que sea que hagas todos los días, varias horas por día.

Vas a retirar esa energía de ti.

Célula por célula, haz con que la energía de tus quehaceres cotidianos salga de tu sistema energético. Tarde el tiempo que tarde.

Después el dinero. Piensa en esa energía. Retírala. Prescinde de esa energía en tu cuerpo.

Tranquilo, no estás echando al dinero de tu vida, pero sí su energía, tan densa y arrogante.

Respira. Recibe la luz por la cabeza. Ahora las relaciones afectivas, el amor.

O la falta de él.

Retira esa energía. Deja que cada célula expulse esa fuerza energética.

Ahora la salud, o la falta de ella. Cada célula expulsará la energía de la salud.

Ahora las personas a las que no quieres, o con las que no te llevas bien.

Siente su energía. Retírala de cada célula. Y por fin, los problemas. Retira la energía de los problemas, y más que eso, prescinde de toda la energía que no es tuya.

Y continúas recibiendo mi luz por la cabeza.

Y cada célula, al soltar la energía que no es tuya, quedará más libre para que mi luz entre.

Siente mi luz.

Pide para que yo entre.

Y yo entraré en ti, y nos quedaremos juntos, en luz, hasta que el mundo se despierte para estremecernos.

JESÚS

195

Te lo mereces

Imagina que la vida te estuviera esperando. Imagina que la vida con la cual ni siquiera te atreviste a soñar, llena de música, llena de cánticos, estuviera preparada para dedicarse a ti, en toda su extensión.

Imagina que hay una vida en la que eres feliz. En la que todo lo que te rodea se corresponde con tu energía, discreta y sutil.

Imagina una vida en la que pudieses estar, sentir, hablar, vivir y que todos a tu alrededor comprendiesen tus raíces, tus razones y tu coherencia.

Imagina que la vida que está disponible para ti es amplia y puede realmente elevarte.

Y las concesiones que debemos hacer —porque ahí abajo, en el mundo dual, hay que hacer concesiones siempre— son mínimas, cómodas y tranquilas.

Esa vida existe.

Existe y está preparada para ti. Está preparada para presentarse.

Pero tú tienes que hacer una elección.

Tienes que escoger que la mereces.

Que mereces ser feliz, que mereces no vivir con culpa, que mereces el cariño, la comprensión, el afecto. Que mereces el amor. Y, sobretodo, que mereces el amor incondicional.

El mío.

De aquí arriba.

Y en ese momento en el que escojas merecer todo eso, te vas a librar de los viejos vicios, te vas a librar de las dependencias emocionales, te vas a librar de las concesiones sin fin, y vas a mirar hacia dentro.

Y vas a ver tu esencia sonreír.

Y vas a entender que ella también se merece una oportunidad.

Y la vas a buscar, por encima de todo.

Ella va a pasar a ser la estrella de tu vida.

Y vas a mirar a los demás, ya no como muletas de tu soledad, sino como compañeros de jornada.

A los que no se les reclama nada.

A quienes se les da el amor incondicional que vienes a buscar aquí arriba.

Y así, ligero, fluido, vas a empezar a volar por la vida en busca de tu propia vida.

Y ella tendrá espacio para manifestarse.

Y tú tendrás la oportunidad de abrazarla.

Y juntos, recorrerán el firmamento en dirección a la eternidad.

JESÚS

196

Buscar amor

La frase es la siguiente:

El ser humano no tiene que venir a buscar amor a la tierra.

Tiene que venir a traer amor a la tierra.

El amor que viene a buscar aquí arriba.

Piensa en eso.

Lo que ha ocurrido es que el ser humano ha venido a la tierra sin ninguna conexión, sin espiritualidad, sin vinculación.

Y como todo ser humano necesita amor, la tendencia natural es intentar encontrar ese amor ahí abajo, en la tierra.

Lo que ocurre es que ahí abajo, los demás seres humanos también están buscando sus propias necesidades.

Y así, los hombres se van cruzando por carencia.

Se necesitan unos a otros. Necesitan comprensión, amor, afecto. Y lo buscan en los demás.

Está claro que esto no puede funcionar.

Lo que uno necesita, en raras ocasiones coincide con lo que el otro tiene para dar. Esta no es la lógica de los acontecimientos. En realidad, el ser humano no debería buscar esas sensaciones en los demás.

Casi nunca funciona.

Y después empiezan los reproches.

Basta con mirar a un matrimonio. ¿Cuáles son las quejas?

Normalmente las quejas se relacionan con expectativas que no se están cumpliendo. "Yo quería que él fuese así y es de otra forma". "Yo quería que ella hiciese esto y ella hace lo otro".

Cada uno le echa en cara al otro lo que él quería tener, y no consigue respetarlo tal y como él realmente es.

¿Cuál es el resultado?

Vidas carentes, intentando que los compañeros llenen el vacío emocional al que el ser está sometido.

¿Cuál es la solución?

La única solución viable es que el ser humano empiece a mirar aquí arriba.

Que venga a suplir sus necesidades aquí arriba.

Puede venir a buscar comprensión, protección, apoyo, cariño, alegría, afecto, complicidad, comprometimiento, seguridad y consuelo espiritual.

Pero, antes que nada, puede venir a buscar amor incondicional.

Aquel sentimiento según el cual se es amado por lo que se es, sin restricciones o condicionamientos, con todos sus errores y aciertos, con todas sus debilidades y osadías.

Y ese que te ama soy yo.

Y vas a guardar ese amor dentro de tu pecho de tal manera que tendrías necesidad de distribuirlo por el mundo, entre las almas que se crucen por tu camino.

Y así habrás cumplido una de las mayores máximas de la misión del hombre en la tierra:

Llevar amor al mundo y no tomar amor del mundo.

Piensa en esto, ven aquí arriba y mira como todo puede ser diferente a partir de ahora.

A partir del momento en el que me miras.

JESÚS

197
Alas

Levanta las alas, para que puedas volar. Cuida de tus alas con cariño, rigor y determinación.

Con cariño, para que puedan crecer libres, sin compromisos pueriles. Con rigor, para que el cielo se presente ante ti, siempre, como un creador de estrellas grande y respetuoso.

Y determinación, para que nunca desistas, aun cuando tus alas estén lejos de volar, lejos de los cielos, lejos de la luz.

"¿Cómo debo cuidar de mis alas?", preguntas tú.

Es simple, amigo mío. Simple como todo lo de aquí arriba.

Elévate.

Eleva tu vibración. Cuida para que todos tus pensamientos, todas tus acciones, todas tus preocupaciones reflejen siempre y en cualquier ocasión el patrón energético más elevado que tú puedas concebir.

Cuida para que el ego, el juicio, la culpa y la resistencia estén siempre a años luz de tu energía.

Cuida para que tus sueños sean acariciados por ti aunque no los consigas realizar.

Un sueño no realizado sigue siendo un sueño. O puede transformarse en una frustración.

La elección es tuya.

Y, principalmente, cuida para que, cuando vengas aquí arriba, consigas elevar tus alas lo más alto y lo más lejos que tu energía consiga alcanzar.

Y sobrevuela los cielos, con la fuerza de mi protección.

Y cuando vuelvas a la tierra, cuando vuelvas a tu vida cotidiana, vas a sentir en tu cuerpo estos recorridos, y si cierras los ojos y respiras, aún podrás sentir en tu espalda el movimiento de los pájaros.

Y nadie sabrá lo que ocurrió.

Y nadie sabrá que sabes volar, y que tienes unas alas enormes.

Y nadie entenderá lo feliz que eres.

Es un secreto.

Tuyo y mío.

Tuyo, mío y del Universo entero.

Y cuando alguien intente cortarte las alas, vas a saber también que hay concesiones que nunca jamás se hacen.

Y esta es una de ellas.

Jesús

198

La vida se presenta

Tu vida tiene fuerza. Tiene energía.

Tiene voluntad propia.

Si hoy parases de actuar, parases de preocuparte, parases de racionalizar, parases de controlar, notarías un fenómeno impresionante.

Un fenómeno que pocas personas presencian, precisamente porque no consiguen parar de actuar, de preocuparse, de racionalizar y controlar.

Y si tú consiguieses hacer eso, presenciarías, finalmente, cómo se presenta la vida.

Notarías que la vida se mueve sola, anda sola.

La vida tiene direcciones propias, movidas por la gravedad energética.

Tú sólo estarás donde tengas que estar.

Sólo harás lo que tengas que hacer.

Esta es una ley inmutable del Universo.

Y todo lo que contraríe esto sólo puede atraer dolor, pérdida y sufrimiento.

Y ¿quién sabe donde deberías estar ahora o lo que deberías hacer ahora?

¿Quién lo sabe?

¿Tú? ¿Tu ego?

No. La vida.

Sólo ella sabe hacia dónde, por dónde y cómo ir. Sólo ella.

Y si tú dejases de creer que sabes, que puedes y que tienes que… vas a dejar que ella te lleve.

Vas a darle prioridad. Vas a darle la razón.

Y la vida, ligera y libre como es su naturaleza, te llevará a buen puerto mediante las exigencias de tu caminar.

Y todo estará en su lugar. Y, al final, aquí nos encontraremos para celebrarlo.

JESÚS

199
Fe

La fe abre el canal.

Piensa en esta frase. Piensa en lo que significa, en lo que quiere decir.

El hecho de que creas en lo que ves, en lo que oyes y principalmente en lo que sientes... el hecho de que sepas cómo es de sensible la comunicación con el cielo y, aun así, te dediques a explorar esa conexión... el hecho de que entiendas que el propio hecho de creer es sutil y osado, todo eso hace que tu canal se abra de forma desmesurada.

Y cuanto más se abre el canal, más intuiciones tienes, más crees... y más se abre el canal.

Este es el proceso. Este es el camino.

Y, en realidad, sólo tienes dos opciones.

Escoger creer en lo que sientes, creer en lo que intuyes y abrir las puertas a la maravillosa y auténtica forma de estar en la vida.

O atascarte con dudas, dejar de creer, dejar que el ego entre y vivir una vida de frustración y dolor.

La elección, como siempre, es tuya.

La única cosa que te puedo decir es que, al creer, aun sin entender, aun sin grandes aclaraciones, estarás abriendo un portal de fe, un camino largo e imperceptible que te llevará a los patrones más elevados de tu alma.

Y, como tal, a los patrones más elevados de energía en los que consigas vibrar.

No hay palabras para describir ese estado.

Se sale del dominio del verbo.

Entra en el dominio de Dios.

JESÚS

200
Imán

Antes que nada, analiza lo que atraes.

He hablado mucho sobre este asunto en mis comunicaciones.

Es simple.

Todo lo que te ocurre —cosas, personas, circunstancias o acontecimientos— es atraído por ti.

Dentro de tu pecho hay un diamante, como un imán magnífico.

Ese imán se comunica con el Universo. Y atrae situaciones con la misma frecuencia vibratoria.

Si en ese diamante, dentro de tu pecho, hay violencia, atraerás situaciones de violencia.

Si dentro de él hay compasión, atraerás situaciones de compasión.

Todo lo que está afuera es un espejo de lo que está adentro.

Y es tu elección seleccionar lo que está adentro para seleccionar lo que viene de afuera.

Si comprendes esta máxima tan simple y al mismo tiempo tan verdadera, comprenderás que es posible cambiar de vida utilizando la elección, el libre albedrío.

En resumen:

Escoge cambiar lo que está adentro. Para de mirar hacia afuera.

Como dice la vieja frase: "Cambia —y el mundo cambia contigo".

JESÚS

201

Descifra

Antes de nada, analiza lo que tienes.

Esto lo explico en el mensaje anterior. Puedes leerlo.

Pero ahora quiero hablar de otra cosa.

Imagina que ya consigues analizar lo que atraes. Ya consigues realizar ese proceso, e inclusive cambiar lo que está dentro de tu pecho para poder cambiar lo que viene de fuera.

Imagina que ya haces todo eso.

Ahora quiero hablar de otra cosa.

Hoy, ¿para qué trabajas?

¿Para tener lo que amas?

¿O para amar lo que tienes?

Presta atención:

La mayor parte de las personas intenta tener, poseer, lo que ama.

Pueden ser cosas, y a eso lo podríamos llamar consumismo.

"Yo amo una cosa, ¡por eso quiero tenerla!".

Pueden ser personas, y a eso lo llamamos posesión.

"Yo amo a aquella persona y la quiero tener para mí".

Pero, como calculas, eso no es lo que se desea.

Primero, porque ese tipo de comportamiento no deja que la persona salga de la dimensión material.

Segundo, porque es el ego quien desea, y luchar por lo que se quiere no es una actitud del alma.

Entonces, ¿Cuál sería la posición correcta?

Ahora te voy a enseñar uno de los secretos más bien guardados del cielo.

Ven aquí arriba.

Pregúntame, o pregúntale a tu yo superior, lo que tenemos para ti. Lo que es para ti, en esta encarnación.

Y vas a recibir una sensación, una imagen, una energía.

Y vas a saber que eso es para ti ahí abajo.

Mucha gente que intenta hacer esto se para aquí. ¿Por qué?

Porque no entiende y, como consecuencia, no cree.

¿Y si pensases que lo que tenemos para ti aquí, hoy, puede ser que sólo lo entiendas después?

¿Y si pensases que lo que te damos es un enigma, que tendrá que ser descifrado y que la mayor parte de las personas, por no saber esto simplemente lo descarta?

Entiende esto.

Lo que tenemos aquí para ti, ahora, es lo mejor y más compatible con tu energía.

Pero tienes que descifrarlo.

Puede que sólo sirva durante un día... o una vida —aquí no hay tiempo ni espacio.

Pero tienes que descifrarlo. Tienes que creer que es realmente para ti, y tienes que descifrarlo.

De la misma manera que la energía de tu alma no está a la vista, la energía de lo que tenemos para ti tampoco lo está.

Es secreto. Es un secreto.

Y lo vas descifrando. Poco a poco. Y al descifrarlo, vas encontrando complementariedades. Y te vas abriendo.

Y cuanto más descifras y cuanto más te abres, las energías se van mostrando más compatibles.

Algo que en la dimensión mental jamás sería revelado.

Por eso tiene que ser descifrado.

Pero ni todos están preparados. Sólo unos pocos tienen el don de la fe y de ser capaces de descifrar.

Y tú eres uno de ellos.

JESÚS

202

Vida en luz

Venir aquí arriba.

Ver lo que hay que hacer ahí abajo.

Dudar. Tener miedo.

Trabajar el miedo.

Ejecutar ahí abajo.

Con rigor. Sin ajustes. Sin arrebatos de ego, sin complacencias vanas.

Sólo rigor. Sólo compromiso de edificar ahí abajo lo que existe aquí arriba en luz.

Sólo eso.

Y eso debería ser la vida. La vida debería ser solamente eso. Venir aquí arriba y ejecutar ahí abajo.

Utilizar la inteligencia, utilizar la dimensión mental para organizar estrategias, reunir ejércitos para edificar, ahí abajo, la vida en luz que tienes aquí arriba.

Sólo es eso.

Y ¿por qué es tan complicado?

Por el miedo.

Por el control.

¿Lo consigues?

JESÚS

203

Giro en el vuelo

Parece que las personas sólo quieren hacer lo que conocen. Lo que saben que va a funcionar.

Está claro que para quien piensa así, nunca hay riesgo.

Nunca hay un giro en su vuelo.

Las personas se cierran en sus propios conceptos, muchas veces apoyadas en prejuicios, para no arriesgar, para no "cometer" ninguna aventura.

Digo "cometer" una aventura porque parece que aventurarse es un crimen. Cometer un riesgo, ir en busca de lo desconocido.

Un giro en el vuelo.

Sí, eso.

Un giro en el vuelo.

Piensa que un pájaro puede estar volando, pero realizar un giro en pleno vuelo supone un cambio brusco en su rumbo, sin aviso previo, sin preparación.

Completamente a merced del viento. Completamente a merced de la vida.

Ven, arriésgate. Comete tu giro en pleno vuelo. Acepta recorrer caminos menos conocidos.

Sal de tu círculo de comodidad.

Arriesga.

Sólo los grandes aventureros tienen la esencia límpida como el cristal.

Sólo los grandes aventureros tienen grandes historias que contar.

JESÚS

204

Patrimonio emocional

Piensa en lo que es estar en el ahora. Concentrado en el ahora. En este preciso momento. Donde estás, físicamente, no donde tu cabeza te deja estar.

Cada momento es precioso en su dádiva.

Cada momento es preciso en su intención.

Cada minuto en el que te encuentras vivo es un tiempo de vivencias, de elecciones y de reflexión.

Vives lo que tienes que vivir en este momento presente. Escoges lo que es mejor para ti, y a partir de ahí lo vives.

Y el resultado de esa elección será tu futuro.

En resumen:

Tus elecciones de hoy van a reflejarse en el futuro.

Y cuando el futuro venga, vas a comprender que valió la pena quedarse en el presente.

Será un futuro más adecuado. Será un futuro más bendecido.

Vive cada minuto. Cada momento.

Aprende a almacenar emociones positivas.

Cada puesta de sol, cada visión deslumbrante, cada momento con tu amor, cada minuto de experiencia de estar vivo.

Aprovecha y almacena. Aprovecha y guarda.

Ese será tu patrimonio emocional.

Patrimonio ese que estará siempre a disposición cuando estés triste. Cuando estés disgustado.

Cada minuto de éxtasis que vives en la vida deberá ser guardado para la eternidad.

Deberá ser guardado para el futuro.

Puedes necesitarlo.

Jesús

205

Cuestionarse

Hoy los tiempos son de destrucción.

Todo lo que te enseñaron a tener como seguro, ya no lo es.

O puede que ya no lo sea.

O, por lo menos, deberás cuestionarlo.

Todo lo que tenías como cierto, puede desmoronarse.

Las cosas no son el problema. El problema eres tú.

Puedes intentar que las cosas queden perfectas, como siempre pensaste que quedarían.

Puedes hacer de todo para que todo se quede como está, para no tener miedo, no tener recelo, no tener molestias.

Puedes intentarlo.

Pero no lo vas a conseguir.

Todas las estructuras antiguas se están desmoronando ahora.

Todo aquello con lo que contabas, lo puedes descartar. Puedes dejar de contar con ello.

Cuestiónalo.

Cuestiona todo.

Aunque te cueste. Aunque tengas que desactivar ese control, cuestiónate todo.

Lo que esta aquí hoy, puede no estar aquí mañana. O puede que no esté aquí nunca más.

Cuestiona todo. El trabajo, las relaciones, la familia, la economía, la seguridad, la protección, todo.

Y si, aun así, sientes que no es suficiente, haz una cosa aun más radical.

Cuestiónate a ti mismo.

Cuestiónate en tu trabajo. Cuestiónate en las relaciones, en la familia, en la economía.

Cuestiónate a ti mismo y verás surgir un nuevo "YO".

Más seguro, más aventurero, incluso más fuerte.

No con la fuerza del ego, sino con la fuerza de quien ya ha aceptado que todo puede cambiar, que todo puede ocurrir, desde que tú no prescindas de la energía pura y cristalina que compone el ser de luz que eres.

JESÚS

206

Paradigma o ángulo diferente

Cambio. Yo siempre hablo de cambio. Cambio de camino, cambio de vida. Cambio de estructuras y cambio de visión.

Cuanto más cambias, más tu mirada se va abriendo hacia el infinito, hacia nuevas dimensiones.

Nosotros, aquí arriba, no estamos particularmente preocupados con el cambio ahí abajo. El cambio únicamente en la materia.

Puedes cambiar de mujer, cambiar de marido, cambiar de trabajo y hasta cambiar de país. Pero eso no te servirá de nada si no cambias tú mismo como persona.

Hay gente que cambia en la materia toda la vida, y permanece la misma persona durante todo ese tiempo.

Esto no sirvió de nada a nivel evolutivo.

Ahora imagínate una persona que permanece en la misma casa veinte, cuarenta años, y en el mismo trabajo y en el mismo matrimonio, el mismo número de años, pero que consigue no ser igual todos los días, que consigue reinventarse.

Consigue vivir cada detalle de la vida ahí abajo. Esa persona aparentemente no ha cambiado nada. Pero eso no es verdad para nosotros aquí arriba.

A nosotros solamente nos interesa el "interior". Tu "interior".

Por eso, antes de pensar en grandes cambios en la materia que pueden convertirse en catastróficos, piensa solamente en cambiar de paradigma. Cambiar el ángulo de visión, y ver las cosas antiguas y pesadas como inspiración para ir más allá, ser más abierto y más libre.

Mírate. Observa cómo estás en las cosas. Cómo las ves.

Piensa en mirarlas desde aquí de lo alto. Desde un ángulo más puro, más ancestral.

Vas a sentir la gratitud de los habitantes del cielo entrando en ti.

Esa gratitud que sentimos cada vez que uno de nosotros abre su inspiración a la luz es comúnmente llamada Amor Incondicional.

Siente ese amor. Siéntelo. Mira todos tus problemas por el parámetro de ese amor.

Y no necesitas cambiar nada, la vida cambia por ti.

JESÚS

207

Reinventarse

Reinvéntate.

Mira a lo más elevado de ti mismo y reinvéntate.

Sé más audaz.

Sé más valiente.

Sé más enérgico.

Sé más libre.

Sé más cariñoso.

Sé más esencial.

No te prives de ti mismo, en la vibración más elevada que puedas concebir.

No dejes de perseguir siempre la creatividad necesaria para reinventarte.

Siempre. Siempre. Siempre.

La monotonía es para los pobres de espíritu.

JESÚS

208

Mariposa

La mariposa vuela.

Simplemente vuela. Se posa, se queda allí y después vuela.

Sin apegarse a nada ni a nadie. Su única preocupación es embellecer el campo.

Lleva todo y a todos en su corazón de mariposa. Sin más.

Pero no depende de ellos.

No depende de su amor ni de su presencia.

Sólo ama. Ama y vuela. Ama y vuela.

Sé como la mariposa.

No te apegues a nada ni a nadie.

Guarda todo en tu corazón.

Ama y vuela. Y embellece el campo.

Jesús

209
Filtro

"Nada es verdad o mentira, todo es del
color del cristal con que se mira".

ANÓNIMO

Tú ves todo en función de tus miedos.

Ves la vida, las personas, en fin, todo en función de tu propia supervivencia.

¿Quieres que te lo explique?

Yo te lo explico mejor.

Si tienes miedo de una cosa determinada, por ejemplo, es natural que te protejas de ella. Que crees defensas. Que crees lo que yo llamo "capas de supervivencia".

Las "capas de supervivencia" son defensas que creas para no acceder al miedo y, en último lugar, para no acceder al dolor. Y ese dolor puede venir de vidas anteriores a esta, en las que no fue curado. Esas capas son eso mismo. Capas. Una a una, vas colocando esas capas de defensa.

Año tras año, vida tras vida, vas creando pretextos, para que ese dolor se quede ahí, apagado para siempre.

Eso te gustaría a ti.

La verdad es que esas "capas de supervivencia" son como una especie de filtro distorsionado que ya no consigue ver la realidad. Ve apenas una ilusión de la realidad, y esa ilusión es creada por ese filtro.

Cuando dos personas con "capas de supervivencia" diferentes ven la misma realidad, sus filtros reflejan experiencias diferentes.

De ahí las diferencias de opinión sobre una misma cosa.

Y el hecho de que dos personas tengan opiniones diferentes no es malo. En realidad no es malo ni bueno. Es lo que es.

El problema es cuando cada una de ellas quiere tener la razón para sí misma. Quiere que su visión sea la verdadera, la correcta.

No tienen en cuenta los filtros.

No tienen en cuenta el miedo.

No tienen en cuenta la memoria.

No tienen en cuenta la realidad.

Jesús

210

Aurora

Piensa en ti como una aurora. ¿Qué es una aurora? Es el día que nace.

Y un día que nace trae con él toda la sabiduría.

La sabiduría de los días que ya han pasado, que contienen en ellos mismos la experiencia adquirida a lo largo del paso del tiempo, y la sabiduría de partir de cero con un día entero por delante.

Cero en el sentido de saber que lo que viene es nuevo, diferente e insólito. Y algunas veces también incomprensible.

Pero el día sabe que lo que viene es para él. Por algún motivo conocido o incluso a veces desconocido, todo lo que viene es para él.

Para que él pueda sentir, comprender, asimilar y evolucionar.

Y siempre, siempre limpiar.

Limpiar lo que no es suyo, porque vino y ahí se quedó. Limpiar lo que es suyo, densidad antigua, de limpiezas tantas veces aplazadas. Limpiar lo que es suyo y es reciente, y poner las cosas al día...

Sé como la aurora.

La aurora trae consigo la sabiduría del pasado y la ignorancia del futuro.

Y está aquí. Preparada para empezar.

A pesar de las tormentas. A pesar de los días desesperantes. A pesar de la lluvia, del frío y de la tristeza.

La aurora sabe que tiene que avanzar. El día está por nacer y no hay nada que pueda hacer que el sol pare de brillar.

Aun cuando abajo haya nubes.

Sé como la aurora.

Deja que tu pasado te instruya, pero no dejes que se interponga en el presente, y mucho menos en el futuro.

Mantente abierto a lo que aún no sabes. Mantente intacto para lo que ha de venir.

JESÚS

211

Casa profunda

Yo leo tus pensamientos. Yo sé que pasas la mayor parte del tiempo infeliz, martirizado por la idea de que cada persona tiene que dar importancia a su esencia y que tú nunca tienes tiempo de hacerlo.

En raras ocasiones consigues un espacio solamente para ti, y cuando lo haces, en raras ocasiones lo consigues aprovechar.

Son demasiadas las expectativas, es demasiada la ansiedad y la culpa.

"Debería estar haciendo otra cosa. Hay tantas cosas importantes para hacer...", piensas angustiado.

No entiendes que, para tu esencia, ese tiempecito contigo es precioso.

Es la hora de ir a tu jardín de invierno, hojear toda la información emocional que está allí y sentirla, sentirla, sentirla.

Y como no consigues realizar este proceso de estar contigo mismo, la vida te empuja hacia un agujero sin fondo donde solamente vive la soledad y la oscuridad.

Yo lo sé. Leo eso en tus pensamientos también.

Bueno. La única cosa que te puedo decir en este momento es: empieza a limpiar ese agujero. Empieza a quitarle el polvo.

Esa es tu casa más profunda, es tu marca personal, es tu morada diurna.

¿Está oscura? Sí, lo está.

¿Está sucia? Sí, lo está.

Siglos y siglos de abandono. Los árboles están secos y la huerta ha muerto.

Vas a tener que plantar todo otra vez.

Vas a tener que podar, regar, abonar y amar.

Vas a tener que limpiar todo con tu dolor.

Te vas a conmover, emocionar. Te vas a reconocer. Y yo te prometo que te vas a volver a ver.

Vas a reavivar tu propio firmamento. Vas a alimentarte de tu propio pan.

Vas a elucidarte y transcenderte.

Vas a iluminarte.

Y cuando todo ese trabajo esté hecho, cuando todos los fantasmas se hayan ido, sabrás que lo has conseguido.

Vas a mirar aquí arriba y soltarás un grito de gratitud que va a hacer eco en el espacio.

Y me vas a ver.

Y me vas a sentir.

Y sabrás lo mucho que te amo.

Y vas a tener la noción exacta de la grandeza de la comunión.

Y sabrás que estás curado.

JESÚS

212

Cambiar de vibración

Piensa en los animales. ¿Te has dado cuenta que normalmente son del color del espacio que les rodea?

¿Te has dado cuenta que las alas del insecto tienen el color necesario para confundirse con lo que le rodea?

¿Que un pez es del color del océano en el que habita?

Piensa en términos de frecuencia.

Piensa que al igual que los animales, ustedes también, los seres humanos, deben vivir en un ambiente igual a su frecuencia vibratoria.

Una persona con exceso de violencia interna atraerá un ambiente violento.

Esa es la ley de la naturaleza. Esa es la ley de la energía.

Pero hay una buena noticia en medio de todo esto.

Y la buena noticia es el hecho de que una de las mayores ventajas del ser humano con respecto a los animales es que él puede escoger y cambiar su frecuencia vibratoria. Y consecuentemente cambiar el ambiente que le rodea.

¿Y cómo cambiar la frecuencia vibratoria?

Gratitud.

El secreto es la gratitud.

Se puede vibrar por la gratitud. Siente gratitud por todo lo que tienes, por todo lo que la vida ya te ha dado.

Si piensas que no es gran cosa, siente gratitud por lo que ya consigues sentir. Por el camino que ya has recorrido. Por la conciencia que ya tienes.

Y, en último lugar, siente gratitud por mí. Por haberme encontrado ya. Por ya habernos conocido. Y porque yo hablo contigo.

Aunque a veces no me consigas oír.

Encuentra un motivo —y siempre hay motivos— y siéntete agradecido.

Y vas a ver que esa emoción va a crecer en tu pecho, vas a empezar a emanar, vas a empezar a vibrar por ahí, tu relación con lo demás va a cambiar, vas a empezar a recibir más, vas a sentirte aún más grato.

Cada vez más. Cada vez más.

Y el mundo va a cambiar. Va a cambiar porque algo cambió de vibración.

Y a tu alrededor, todo se va a hacer más azul, como si fuera un milagro. Y la gratitud que vas a sentir por el mundo haber cambiado, será tan grande que alterará la vibración de tu casa, de tu calle, de tu ciudad y de tu vida.

Y nunca más vas a ser el mismo.

Y yo habré subido aún más mi vibración.

Y cuando dejes ese plano, ya juntos aquí en el cielo, vamos a conversar mucho acerca de tus locuras en la tierra y como fuiste valiente y guerrero al abrazar activamente tu evolución.

JESÚS

213

Honestidad de la esencia

Tengo una cosa que decirte.

Imagínate que estás en una sala.

Obsérvate quieto en esa sala.

Mira como te has tenido que proteger, como has tenido que reducir todo lo que te rodea a su esencia para conseguir reducirte a tu propia esencia.

Date cuenta de como cuantas más cosas tienes, más consigues tapar tu esencia y no dejarla brillar.

Porque una esencia que brilla es una esencia feliz.

Siempre que consigas vibrar por la armonía más pura de tu esencia, conseguirás subir más de vibración y alcanzar los cielos.

"¿Y cómo se vibra por la esencia?", preguntas tú.

Es simple, respondo yo.

Siéntate. Tranquilízate. Medita. Pide que te sea dada la energía de la honestidad absoluta de tu esencia.

Pide para que esa energía de la honestidad entre en ti.

Quédate en ella. Quédate en esa energía lo más que puedas.

Siente. Honestidad.

Honestidad con tu ser. Honestidad con tu esencia.

Siente honestamente tu esencia.

Después pide honestamente para que te sea mostrado lo que, en tu vida actual, no se corresponde honestamente con tu esencia.

Pero prepárate para lo que viene ahí.

Eventualmente puede que venga la cosa que menos imaginabas que no haría parte de tu vida.

Y vas a tener que encarar eso con honestidad.

Deberás desterrar eso de tu vida. Por más que duela. Solamente porque eso no te pertenece. No tiene tu energía. Y como tal, sólo estorba.

"Pero... ¿por qué es la última cosa que yo imaginaba que no haría parte de mí?

¿Por qué parece que se corresponde tanto conmigo y, por lo visto, es lo que menos me conviene?", te preguntas.

Y yo respondo:

Porque estás tan fuera de la vibración de tu esencia que ya te has confundido con la vibración de otra cosa.

En realidad estás vibrando allí, y no ahí, en tu centro.

Por eso piensas que lo que te aparece tiene tu vibración.

No. Tú eres quien estás con su vibración.

Volviendo al tema.

En esta meditación, pedirás la honestidad de tu esencia, pedirás saber lo que en tu vida tiene una vibración diferente y, sea lo que sea, lo desterrarás de tu vida.

Y he dicho.

Si quieres comprender esto y hacer lo que te digo, fenomenal.

Si no lo quieres comprender y no estás interesado en cambios energéticos y evolutivos en tu vida, fenomenal también. Estaré siempre aquí para ti.

Nunca me enfado. Nunca me molesto. Nunca me preocupo. No tengo prisa.

Tengo tiempo.

Estaré siempre aquí cuando me necesites. Estaré siempre aquí cuando quieras empezar. Estaré siempre aquí cuando quieras volver a casa.

JESÚS

214
Creatividad

"La vida es una aventura". Es así como debería ser vivida.

Nunca repetir las mismas experiencias. Siempre innovar, siempre innovar.

Piensa que el ser va a la tierra a experimentar la emoción.

Y para ayudarlo en esta tarea, creamos la experiencia en la materia.

Las experiencias en la materia crean emociones y el ser experimenta la emoción.

Es un circuito cerrado que funciona muy bien.

Ahora imagina a aquellas personas que nunca crean experiencias nuevas en sus vidas.

Aquellas personas que hacen siempre las mismas cosas, día tras día, año tras año.

Porque piensan que cambiar es malo. Porque no se atreven, no arriesgan, no se tiran del precipicio sin saber su altura ni lo que las espera ahí abajo.

Nunca se plantean la posibilidad de que Yo esté ahí abajo.

Y de que Yo las ponga en una nave para subir al cielo.

No tienen fe. No comulgan. No se comunican con el cielo.

Esas personas no experimentan la vida en su mayor dimensión. Nunca salen de su círculo de comodidad. No arriesgan. No pierden, pero tampoco ganan.

Y la vida se va haciendo previsible. Y se va haciendo aburrida.

Y un día notan que ya no se interesan por nada.

Es el día de la muerte de la esencia.

Es el día en que la experiencia de la materia llegó a su fin por falta de materia prima.

Por falta de experiencias.

Todo se hace repetitivo.

Todo queda sin gracia.

Todo pierde la forma.

Y la vida no es nada de eso.

La vida es una gran aventura.

Con experiencias nuevas para ser vividas.

Nuevo. Todo nuevo. ¿Quieres un consejo?

Haz que tu vida no tenga muchas repeticiones.

Crea situaciones. Crea. La creatividad es el motor de la vida.

Y si por obligación tienes situaciones repetitivas, vívelas de forma innovadora, todos los días.

Cambia. Cambia las cosas. Y si no puedes cambiar las cosas, cambia la forma de hacer las cosas.

Y tu esencia va a renacer.

Y cual Ave Fénix que renace de las cenizas, te van a crecer alas y finalmente vas a volar.

Y tener una esencia que vuela es la forma más brillante de evolucionar.

JESÚS

215

Fase

No dejes pasar esta fase.

No te quedes esperando que pase.

No te quedes esperando que, con ella, pase toda esta insatisfacción y tristeza.

Cada fase que vivimos en la vida es para ser aprovechada, para ser sentida, para ser integrada.

Integra todos estos acontecimientos en tu energía.

Abre tu estructura energética para que quepan todas las cosas que te ocurren. Para que ellas te muevan, para que te cambien.

Esta fase es la mejor fase para tu alma. A ella le gusta el cambio, le gusta la rearmonización.

Deja que esta fase te cambie, te rearmonice.

Ella trae consigo el ser que vas a ser, si consigues sentirla y trabajar con ella. No desprecies el poder de esta fase. No renuncies a la evolución que ella te promueve.

Y cuando todo haya pasado, cuando hayas cruzado esos mares revueltos, por fin vas a encontrar un mundo nuevo y vas a entender que yo, al final, tenía razón.

JESÚS

216

Dos opciones

Imagínate una batalla, hace mucho tiempo.

Imagínate que tienes 5.000 soldados.

E imagínate que el enemigo también tiene 5.000 soldados.

Puedes hacer dos cosas:

O atacar —y por el hecho de tener el mismo número de soldados, la batalla puede ser sangrienta y haber muchas bajas.

O quedarte quieto —y, aunque ganando tiempo, corras el riesgo de ser atacado— sabiendo que la fuerza de la defensa no tiene la misma asertividad que la fuerza del ataque.

¿Cómo escoger?

Las dos opciones tienen pros y contras.

Si escoges desde el ego, cualquier elección que hagas podrá volverse en tu contra y causar perjuicios vanos.

Si escoges desde el alma, por más que ocurran contratiempos, serán siempre maestros en tu camino de evolución.

¿Cómo escoger? ¿Qué es ego y que es alma? ¿Cómo se sabe?

Simple.

Pon tu conciencia en tu pecho. Y quédate ahí.

Pon tus pensamientos en tu pecho, y siente.

Siente una de las opciones. ¿Cómo se queda tu pecho? ¿Alegre? ¿Triste? ¿Pesado?

Ahora haz lo opuesto. Siente la otra opción. Y observa como está tu pecho.

Estoy seguro que, así, vas a conseguir acceder a tu alma.

Ella habla con tu corazón.

Y si promueves la unión de ellos dos, podrás contar con evolucionar hasta el fin de tus días.

JESÚS

217

Tu elemento

Has hecho lo que había que hacer. A pesar de todo, de las dificultades, de los obstáculos y de tu propia resistencia, hiciste lo que había que hacer.

A pesar de la tristeza.

Sobre todo, a pesar de la tristeza.

Hiciste lo que tenías que hacer para volver a tu frecuencia original, para volver a tu elemento, para volver a ti.

Porque una persona que no está en su frecuencia, que no está en su elemento, está descentrada, no se enfoca en su centro energético y humanamente para de vivir.

Porque la vida es una aventura, pero solamente para quien consigue vivir dentro de sí mismo. Puede inclusive ir a los demás, puede incluso salir de sí mismo de vez en cuando. Pero tiene que volver. Tiene que saber volver. Y, fundamentalmente, le tiene que gustar volver.

Le tiene que gustar lo que encuentra. Porque, si no le gusta, no querrá quedarse ahí.

Y quien no quiere quedarse, huye.

Y huye hacia fuera. Hacia los demás. Hacia las cosas de la materia. No te olvides que la materia es como una película. Tiene luz y color. Tiene sonido. Tiene movimiento.

Dentro de ti hay oscuridad, no hay movimiento y no hay color.

Pero es sutil y brilla. Y la sutileza y el brillo son la llave del cielo.

Siempre que enfocas tu atención fuera de ti, y vas siguiendo la película de la vida, estás siguiendo al movimiento, a la luz y al sonido, bajas a la frecuencia de la materia —que, como todas las películas, es pura ilusión.

Aquí arriba es donde está la verdad. Dentro de ti es donde está la verdad.

En esta dimensión aparentemente oscura y pesada, está la llave de tu felicidad.

Y cuanto más tiempo pases en ella, mejor vas a entenderla y más valor darás al brillo y a la sutileza.

Sabes que la materia es de todo menos sutil.

Y dentro de un tiempo, cuando aprendas a respetar a tu dimensión interior, cuando aprendas a volver, vas a poder empezar a ir.

De momento, quédate ahí. Quédate en ti. Escógete a ti en detrimento de todo lo demás.

Quédate. Quédate.

Y un día, a costa de tanto conocerte, de tanto sentirte, sabrás que no hay absolutamente ningún lugar más adonde ir.

Porque yo estoy ahí.

JESÚS

218

Templo

Cada momento que pasas contigo, con tus cosas, tus pensamientos, tus preguntas —y eventualmente hasta con las respuestas de este libro— es un tiempo sagrado.

Tú eres un templo.

Toda la estructura molecular y energética que constituye tu ser fue hecha para ser un templo.

Donde se reza. Donde se ora, donde se medita.

Donde se interioriza. Donde se está, y se respeta ese estar.

Donde se llora y donde se ríe, pero sobretodo donde se cree.

Donde se cree que todo va a ir bien, que todos los esfuerzos que fueron perpetrados en nombre de la evolución darán sus frutos y que tú aún vas a ser muy feliz.

Vas a ser muy feliz, porque te has respetado, porque pasaste el tiempo que era necesario pasar contigo mismo, ahuyentando a la ilusión y a los fantasmas y encarando la dura y difícil realidad de ser quien eres con todas tus limitaciones y desencantos.

Pero también porque admitiste que en ese templo hay una dosis inconmensurable de fe y de verdad, y que vivir en ellas es alcanzar el reino de los cielos.

Cuida para que el tiempo que pasas contigo sea grandioso.

Cuida de cada detalle de tu templo. Cuida de lo que entra y de lo que sale.

Cuida de lo que entra. La alimentación es muy importante y puede cambiar la constitución de las células... y consecuentemente de su frecuencia vibratoria... y por consiguiente de tu energía.

La energía de las personas que te rodean es también determinante para tu bienestar.

Cuida de lo que sale. No salgas completamente de tu templo. No lo dejes abandonado. Sal, ve a los demás, pero vuelve. Deja siempre un camino. Nunca te olvides de dejar la puerta abierta.

Para que puedas volver.

Para que te dé placer el volver.

Para que, de una vez por todas, dejes de abandonarte como has estado haciendo en estos últimos siglos.

JESÚS

219

Enredo energético

Todo lo que le haces a otro es porque él lo atrajo para sí.

Por más que él no quiera, porque sale de su círculo de comodidad, por más que te cueste hacerlo, porque te da pena y te aparece la culpa, lo que haces —o lo que eres llevado a hacer— forma parte del juego cósmico de atracción y repulsión que anima la vida en la materia.

Ahí abajo hay en funcionamiento un poderoso enredo energético.

Hay una persona que necesita llevarse una sacudida. Necesita perder algo. Ir al fondo. Acceder al dolor del alma. Liberar ese sufrimiento que se ha transformado en bloqueo energético —y el bloqueo energético es inmediatamente reconocido por la tela que compone la materia.

Esa persona necesita una sacudida para que todo este nudo se deshaga.

Y tú, por otro lado, has llegado a un punto en tu vida en el que vas a necesitar quedarte contigo mismo. Vas a necesitar dejar esa atención desmesurada que pones en los demás. Vas a tener que volver a ti. Ya hace mucho tiempo que estás fuera. Vas a tener que decir que no a los demás para poder finalmente decirte sí a ti mismo.

Por la conjunción de tus energías, esta persona y tú se juntan, y eres llevado a decirle que no.

Eres llevado a abandonarla a su suerte. Eres llevado a la ruptura.

Como no sabes que ella necesita una sacudida, te sientes culpable. Piensas que lo podrías haber hecho de otro modo, para que ella no sufriera; piensas que podrías haberte quedado allí un tiempo más. Y te culpas por eso.

Pero las cosas son como son.

No haces lo que haces por casualidad. No pienses que actúas de una forma desconectada con el Universo que te rodea.

Eres "llevado" a hacer cosas. Llegó el momento de hacer lo que se tiene que hacer. Es necesario actuar. Y tú sientes esa energía de

ruptura. Percibes que es la hora de cambiar el rumbo de los acontecimientos. Y actúas.

Arriesgándote a la pérdida. Arriesgándote a la culpa. Pero actúas.

Y tu actuación se celebra por el cielo.

Ahí abajo puedes incluso pensar que se podría haber hecho otra
cosa. Pero aquí arriba sabemos que no.

Hay una persona que tiene que llevarse una sacudida, y nosotros
te escogimos a ti para ejecutarla.

Y así vas viviendo y comprendiendo que cada cosa tiene su
tiempo de ocurrir, y ese tiempo ha llegado ahora.

JESÚS

220

Lentamente

Yo estoy aquí.

En realidad, yo estoy siempre aquí.

Tú sólo tienes que prepararte para recibirme.

Sólo tienes que prepararte para recibir mi energía.

Lentamente.

Y para recibir mi energía lentamente, tú mismo tienes que estar así… pausado.

Para que tus células se abran para recibirme. Para que ellas, al abrirse, suelten todo el peso que poseen.

Toda la negatividad.

Y yo absorberé esa negatividad, y le intercambiaré los polos.

Donde había oscuridad, ahora habrá luz.

Donde había ruido, ahora no habrá nada.

Un vacío.

Y es en ese vacío donde el alma se manifiesta. Y en esa manifestación estaré yo, en toda mi magnitud. En toda mi plenitud.

Porque es en cada célula donde yo más existo en plenitud, y es la suma de las células la que hace de mí lo que soy hoy.

Energía plena.

Y es en ese lugar de la tierra, al vibrar tan alto, donde te aproximas al cielo y me encuentras.

JESÚS

221

Lecciones

"Yo comprendo que tengo que pasar por esto, pero aquella persona no tenía por qué haberme hecho tal cosa".

O...

"Yo sé que tengo que desapegarme pero aquella persona no tenía por qué actuar así".

O...

"No tenía por qué haber sido tan bruto".

O...

"No tenían por qué haber sido tan drásticos".

"...tan rápidos".

"...tan desagradables".

"...tan vergonzosos".

"...tan tristes".

Yo sé que te encantaría aprender las lecciones de tu vida de una forma más simple, agradable y colorida, como en los libros del colegio.

Pero ocurre que la vida no es así.

Ya sabes que tienes que aprender, ya sabes que los demás son los que te dan lecciones, pero sigues queriendo que las lecciones sean gentiles. Lecciones suaves.

Tengo una cosa que decirte.

El Universo puede ser suave. Puede ser gentil.

Puede no ser bruto, drástico, rápido, desagradable, vergonzoso o triste.

Puede no ser nada de esto, si aprendieras las lecciones a la primera.

La primera vez que el Universo te intenta enseñar las cosas, es suave. Es gentil.

Pero en raras ocasiones tu lo entiendes. La materia es pesada y densa. Tu eres pesado y denso. Cualquier señal suave pasa completamente inadvertida.

Tu recibes la señal y, como si de una brisa se tratase, continúas alegremente dando zancadas hacia el precipicio.

Y ahí el Universo tiene que darse prisa. Tiene que forzar la situación. Tiene que bajar la frecuencia. Se tiene que hacer más pesado. Todo depende de tu resistencia.

Cuanto más empeño pongas en continuar con una situación que no te devuelve tu energía original, más fuerza tiene que hacer el Universo para obligarte a volver a casa. Hacia tu camino. Donde sin duda está tu destino y tu creación.

Por eso: siempre que pienses que algo en tu vida ha sido demasiado drástico, piensa en cómo está el Universo de disgustado por haber tenido que bajar de su sutileza para darte una lección.

Piensa cómo eres de resistente y cuánto te cuesta volver a vibrar por tu energía.

Y, en último lugar, piensa lo distante que me vas haciendo de tu vida, cada vez que te niegas a aprender en el primer intento.

Y cuánto me entristezco con todo esto.

JESÚS

222

Tristeza

Sé que estás triste. Sé que no se te pasa.

Sé que las cosas no son como tú querrías.

Te gustaría que fueran más fáciles. Te gustaría que fueran más cómodas. Te gustaría pasar por ellas y poder distinguir mejor cada cosa. Cada sentimiento, cada emoción.

Claro que sí. Pero la vida, a través de un movimiento sagrado que solamente ella sabe, que solamente ella controla, no te está dando lo que querrías.

No te está dejando fluir. No te está facilitando las cosas. La vida, por motivos que sólo ella conoce, no permite que las cosas ocurran a tu manera.

Y no puedes hacer nada. No puedes cambiar el orden natural de los acontecimientos.

Sólo puedes quedarte triste. Sólo puedes sentir pena. Hacer el luto. Eso es todo.

Y puedes relacionarte con tu impotencia. Entender que lo que no puedes hacer esta vez, está precisamente pensado para ser así.

Es la vida la que te está trayendo esa impotencia. Y en vez de mirar hacia lo que no estás consiguiendo, mira antes hacia el trabajo que tienes que hacer, en el sentido de entender y aceptar aquello que no puedes realmente hacer.

Las personas y las cosas, todos tienen su propia energía, avanzan mediante su propia energía. Y no pueden cambiar su energía solamente para seguir la tuya. Sólo porque tú quieres. Sólo para que tú no sufras.

Acepta eso. Llora, patalea, pero acéptalo.

En vez de llorar porque las cosas no son como tú quieres, llora por no tener poder para ni siquiera querer que ellas sean como quieres.

Y estarás trabajando la impotencia.

Y vas a crecer.

Y, por lo menos, ese sufrimiento valió para algo.

Jesús

223

Montaña

Imagínate a un hombre caminando por una carretera.

Y la carretera tiene desniveles, tiene curvas, tiene subidas y bajadas.

Imagínate también que ese hombre se encuentra con un verdadero obstáculo. Grande. Alto. Ancho. Una montaña.

¿Qué hace? Tiene tres opciones.

O empieza a dar golpes a la montaña hasta convertirla en polvo.

O vuelve para atrás y sigue por otro camino.

O, la opción más difícil, sube la montaña. Pasa por ella sin salir de su camino.

En la primera opción, el hombre se cansa, se desgasta y si consigue derrumbar la montaña, para aquel entonces estará tan cansado que no tendrá fuerzas para continuar su camino. Y el camino acaba ahí.

En la segunda opción, el hombre se asusta con la montaña y vuelve. Sale, por tanto, de su camino.

En la tercera opción, el hombre sube la montaña. Sólo tiene esa opción. Subir. Pero, para subir, necesita liberarse de su carga. Liberarse de cosas, desapegarse de elementos que consideraba que eran cruciales para esa jornada. Para subir, el hombre tiene que aceptar "ser".

Y se va quedando más ligero. Cuanto más sube, más carga libera y más ligero se queda. Y cuando finalmente llega a la cima, está verdaderamente liberado. Puede mirar desde arriba a todo el horizonte. Y entiende que está diferente. Ya no puede bajar para volver a su camino inicial. Deberá continuar desde ahí.

Y cuando sienta verdaderamente eso, he aquí que un camino se anuncia a partir de ahí. Alto, ligero, libre.

Cuando él aceptó subir la montaña no sabía que estaba subiendo de nivel energético.

Y sólo cuando llegó a la cima, entendió que ya no era necesario bajar. El camino se haría a partir de ahí.

La vida es exactamente así. Cuando aparece un obstáculo, puedes evitarlo, cambiando de camino pero no de vibración.

O puedes encararlo, enfrentándote a todas tus limitaciones.

Y recuerda que enfrentarte a tus limitaciones no significa criticarlas ni juzgarlas. Sino aceptarlas e intentar mejorar cada día… pero sin exagerar.

Y significa también dejar de centrarte en esas limitaciones para poder buscar tus aptitudes, ya que donde hay limitaciones también hay aptitudes. Y cuando hayas encarado el obstáculo y liberado densidad a través de la aceptación de las limitaciones, en ese momento, estarás subiendo tu frecuencia energética…

Y el camino nunca más será el mismo.

JESÚS

224
Sube

Sube, sube, sube.

Ven a mí.

Sube por los portales. Cada uno se abrirá para que puedas cruzarlo en depuración absoluta de tu energía.

Y por cada portal que pases, más sutil quedará tu energía, y más capacidad tendrás para sentirme cuando llegues aquí arriba.

Medita. Sube. Deja las tristezas ahí abajo. Deja atrás todas las preocupaciones, todas las frivolidades, todo el orgullo, resistencia y ego.

Deja ahí abajo todo lo que te limita como ser humano, todo lo que atrofia la precisión y la dignidad de tu alma.

Deja todo eso ahí abajo y ven.

Y cuando llegues aquí arriba, tendré preparada una fiesta en homenaje a la pureza de tu convicción para subir, y para que te olvides de todos los años que pasaste ahí abajo sin conocer el significado de la palabra amor. Y después de esta subida, cuando vuelvas a tu vida, estarás tan diferente, tan transformado, que emanarás una nueva energía pacificada. Y esa energía va a cambiar tu mundo. Y todo será diferente.

Y vas a comprender la necesidad de subir. Y vas a conocer mi toque transformador. Vas a sentirlo.

Y nunca más vas a mirar tu vida y pensar que no hay nada que hacer.

Sabrás que tienes que subir. Que tienes que venir aquí arriba siempre que te sea posible.

Porque eres parte de un grupo de personas que fueron escogidas para transformar el mundo. Transformarlo a través de su propia transformación.

Y yo cuento contigo para esa tarea.

Y sé que estás preparado para ella.

JESÚS

225

Para

Tienes que parar. Lo único que te digo es que tienes que parar.

Para de huir de lo que te preocupa y de lo que te duele.

Para de racionalizar para no sentir.

Para de convertir tus días en remolinos densos y dramáticos.

Para. Quédate quieto. Eso es todo.

Empieza a considerar que parar es importante. Es, más que nada, una prioridad.

Empieza a considerar que estar así, sólo contigo, es fundamental.

Para que puedas sentirte. Para que puedas alinearte con la vibración de tu esencia.

Para que puedas alinearte con tu vibración más alta.

Porque, si te alineas con tu vibración más alta, vas a conseguir acceder a lo más elevado que el cielo tiene para ti.

Y si consigues comprender esta verdadera función de la esencia, vas a conseguir crecer más deprisa. Y llegar más alto. Como ves, quedarse, sólo así, parado, quieto, dentro de ti mismo, es uno de los caminos más rápidos hacia la evolución.

Y cuando, ahí parado, quieto, consigas sentirte plenamente y conocer a fondo tu vibración, sólo en ese momento puedes salir para ejecutar los más bellos proyectos en la materia.

Y en ese momento entenderás que ya has conseguido ser quien eres.

Y en ese momento entenderás que valió la pena.

JESÚS

226

Imagínate

No dejes que entre.

El secreto es ese.

No dejar que entre.

Imagínate un día en el que tu energía está tan resuelta, tan centrada, tan iluminada y emancipada...

Imagínate un día en que tu sistema energético vibra por tu única e inconfundible frecuencia. Que vibra por la energía "una" de tu alma, y que se mantiene así inalterada, para el bien y para el mal, inmune a las interferencias del exterior, a las interferencias de los humores y de la materia.

Yo quería que tú hicieses solamente esto.

Sólo esto.

Y como sé que "sólo esto" es mucho, te doy una pista.

No dejes que entre. Intenta no dejar entrar a las informaciones que vas teniendo en la materia.

¿Los problemas surgen? Devuélvelos, pero sin dejarlos entrar en tu energía. Resuélvelos, sin alterarte, sin dejar que la energía densa de un obstáculo "ensucie" tu propia energía.

¿Existe un conflicto? Resuélvelo, pero sin dejarlo entrar.

Míralo, sabiendo que tiene la importancia que tiene y nada más.

No lo dejes perturbar tu vida.

Sólo ten cuidado para que ese "no dejar entrar" sea real, de dentro para fuera, y no una simple racionalización de las emociones.

Está claro que si algunas veces no consigues hacer esto, no consigues no dejar entrar, está claro que si en algunos casos el conflicto te toca fuerte y profundo, incluso en ese momento sabrás qué hacer.

Llora, abre el pecho y retira la densidad.

No culpes a nadie. Si la energía del conflicto entró es porque había una memoria de dolor que soltar. Y después de haber hecho eso, vuelve a la matriz. Céntrate. Vuelve a sentir tu energía e intenta no dejar que nada más entre.

Este es uno de los mayores secretos de la vida.

Y un día, cuando ya nada, pero absolutamente nada, entre para perturbarte, cuando solamente entre amor, afecto y energía sensible, en ese momento habrás terminado tu función en la tierra y podrás venir aquí arriba sin miedo de ser empujado nuevamente por la rueda de las reencarnaciones.

En ese momento tu espíritu y tu alma se unirán definitivamente —ya que terminó la experiencia de la materia— para que puedan, juntos, continuar su jornada rumbo a la eternidad.

Jesús

227

Reenergizar

Aquieta tu mente. Relájate. Así. Quédate así. Quédate quieto, lentamente. Sintiendo todos tus músculos, gradualmente. Con todas tus células moviéndose, despacio.

Y vas entrando en contacto, lentamente, con todas las cosas a tu alrededor que vibran a diez centímetros del suelo.

Cosas y personas que vibran más alto.

Empiezas por conectarte con esa energía elevada que está a tu alrededor.

Me preguntas qué debes hacer para conectarte. Sólo tienes que sentir. Sentir profundamente la energía.

No es necesario que pienses en nada. Sólo sentir.

Pero no aceptes sentir la energía densa, pesada, oscura.

No.

Busca a tu alrededor —con los ojos cerrados, claro— energía más elevada. Más pura.

Estoy seguro de que vas a conseguir sentirla.

Y quédate quieto. Quédate sintiéndola solamente. Deja que esa alta energía entre en ti.

Después, cuando ya vibres por esa energía, vas a buscar más cosas y más personas que tengan esa vibración.

No salgas de donde estás. No abras los ojos. Busca en la calle. Pueden ser los árboles, los animales. Presiente su vibración. Siéntela. Y tira de ella hacia ti.

Esta es una receta para reenergizarse. Hazlo. Ahora.

Y ¿qué relación tiene este mensaje con tu energía?, te preguntas tú.

Nada, digo yo. Pero hoy te quería decir esto.

JESÚS

228

Señales

Hay muchas personas que piensan que la vida funciona por señales.

Si las cosas van bien, si fluyen, es porque hay que hacerlas.

Si no fluyen, hay que abandonar la tarea.

Y hay muchas personas que no hacen caso de las señales.

Después, cuando entienden que no hay coincidencias, empiezan a intentar "leer" la vida.

A través de las señales, claro.

Pero esa lectura es muy rudimentaria aún.

"Si todo va bien, avanza. Si hay obstáculos, recula".

Y utilizan esa fórmula para todo. Y como están a disposición de las señales de la vida, piensan que el ego está dominado. Puro engaño.

Si la vida fuese así fácilmente "legible", ¿para qué darle tanta importancia al yo superior y a la esencia?

Sólo ellos te pueden responder a tus preguntas más profundas. Todo lo que no sea respondido por el yo superior y la esencia, será respondido por el ego. Y, por consiguiente, no funcionará.

Por eso, piensa así:

"Yo tengo que hacer una cosa, y esa cosa exige un gran compromiso de mi parte. Por eso, la vida me va a presentar variadísimos obstáculos, con la intención de probar mi compromiso".

Imagínate que en ese momento tú desistes, por creer que los obstáculos son una señal para recular.

¿Entiendes por qué no es tan simple?

Y ahora preguntarías:

Entonces, ¿cómo saber cuándo los obstáculos son una trampa para probar mi compromiso, y cuándo son señales de que no va a funcionar?

¿Cómo se sabe?

El yo superior. Esta es la respuesta. Sólo él podrá decirte qué hacer. Sólo él podrá indicarte los parámetros de esa iniciativa.

Si no consigues conectar con tu yo superior aún, utiliza tu intuición.

Nunca la dimensión mental. Nunca el ego.

Ahora que ya te he explicado los fundamentos de las coincidencias y de las señales, déjame darte un beso en la frente para que puedas quedarte en paz.

JESÚS

229

Cuenta con nosotros

Parece que te estás esforzando demasiado.

Haces las cosas en esfuerzo.

Haces todo con esfuerzo.

¿Te puedo hacer una pregunta?

¿Por qué no cuentas con el cielo?

"Porque el cielo no me va a dar lo que yo quiero", respondes tú.

Y yo te digo que, si cuentas con nosotros, si crees en nosotros, sea lo que sea que el cielo no te dé, es porque no era para ti.

Jesús

230

Una cosa

Intenta dedicarte a una cosa solamente.

No te preocupes por nada más.

No hagas nada más —exceptuando las tareas del día a día, claro está— no te enfoques en nada más.

Haz sólo una cosa. Sólo eso. Y eso va a ocupar tus meditaciones, tus inspiraciones. Cuida de todos los detalles. Todos.

Pon amor en lo que haces. En esa única cosa que llena tus pensamientos, pon todo tu amor.

Y, sobre todo, pon tu gratitud.

Gratitud por estar vivo y poder vivir profundamente esa experiencia.

Y por la gratitud vienes a dar a mí.

Y yo bajaré por ese canal improbable que creaste al sentirte agradecido.

Y, en un instante, estaré ahí.

Y podré ayudarte personalmente a componer esa acción, ese acontecimiento.

Y lo que hagas tendrá mi energía.

Y mi energía emanará de ti y de tus acciones.

Y todos sentirán mi energía.

Y, finalmente, serás un canal de transmisión de energía pura.

Y esa es tu misión.

JESÚS

231
Desechar

Tu tienes un "yo" muerto ahí dentro.

Deséchalo.

Simplemente deja de ser quien eras.

Desecha las máscaras.

Desecha las insistencias, las costumbres y las obsesiones.

Desecha todo lo que es viejo y notarás que está muerto.

Ya estaba muerto, y estaba dentro de ti.

Busca nuevos quehaceres, nuevas aventuras y nuevas experiencias.

Pregúntale a tu esencia qué quiere hacer.

Pregúntale qué es lo que siente.

Pregúntale qué es lo que quiere ser.

Pregúntale todo, y ve haciendo lo que ella dice.

Y ella te va a llevar hacia un camino brillante, suave y clarividente.

Un camino de luz que trae en la casualidad el hecho de ser tu camino original.

En ese momento, todo tu yo antiguo ya se habrá ido.

Ya sientes cosas nuevas y vibras en una frecuencia más alta.

Y todo empieza a ocurrir en tus células.

Y todo empieza a ocurrir en tu vida.

Y, como a mi me gusta decir: "Todo estará en su lugar".

Esto porque aceptaste echar afuera a tu "yo" muerto y te dispusiste a ir detrás de tu yo eterno, que nunca había dejado de estar ahí, simplemente no lo veías, no lo sentías y pensabas que él se había ido.

Pero no se fue, y nunca se irá. Ese es tu "yo" de siempre, más puro, más limpio y más intacto.

Y es ese al que debes seguir si quieres realmente iniciar tu camino en dirección a los cielos.

JESÚS

232

Gracias

Gracias por todas las bendiciones.

Gracias por la encarnación.

Gracias por poder vibrar en la materia.

Aprender con ella.

Gracias por la vibración.

Gracias por la increíble emoción, buena o mala, fuerte o débil, que me es permitido vivir todos los días.

Gracias por los días.

Gracias por el dolor, que liberado se transforma en alegría.

Gracias por la noche, que si es vivida se transforma en día.

Que todo sea exactamente

como tiene que ser

para que yo llegue exactamente

donde pueda ver

la luz.

Donde pueda tener

luz.

JESÚS

233
Pacto

Deja que el "yo" que controla se vaya. Déjalo marchar. Prescinde de controlar las situaciones. Prescinde de controlar lo que sea.

Sea lo que sea, lo que sea que estás intentando controlar ahora, suéltalo. Entrégalo.

Entrégamelo, para que te sientas más seguro. Hay personas que no consiguen entregar sus cosas al cielo. Es muy abstracto. Entrégamelo a mí, si es necesario.

Pero entrégalo. Suéltalo.

¿Ya has notado que cuanto más intentas controlar la situación más se te va de las manos? Son los opuestos, la dualidad de la materia funcionando en pleno.

Deja que el "yo" que controla se vaya. Déjalo ir. Prescinde de él.

Aprende a fluir con la vida, a dejar fluir. Y cuando entiendas que el control te llevará donde no tienes que ir, comprenderás que nunca te llevará hacia donde tienes que ir.

Y eso es triste. Es muy triste, porque así volverás irremediablemente ahí, muchas y muchas y muchas más vidas, para conseguir corregir el paso y encontrar tu propia frecuencia, que te traerá aquí arriba, a tu lugar en el cielo.

Déjalo ir. Entrega. Entrégate. Ponte a disposición de la energía. De la luz.

Suelta la violencia, suelta la resistencia. Deja que todo eso se vaya definitivamente.

Y ese es un pacto contigo mismo.

Es un pacto con la energía.

Es un pacto con la luz.

JESÚS

234

Subir

Escucha cómo tocan las campanas.

¿Las oyes?

Se están acercando, para anunciar que ya estás preparado para la próxima jornada.

Para el próximo plan.

Para el próximo nivel.

No, no te vas a morir. Solamente vas, ahí en esa vida, a subir de nivel. Subir de frecuencia.

Todas tus células están vibrando más deprisa, fruto de las experiencias que has tenido y de la consecuente purificación que has sufrido.

El mundo energético está preparado para hacerte subir, allá a lo alto, al nivel de frecuencia vibratoria.

Y allá arriba, tal vez te sea aún más difícil vivir, si continúas ahí abajo, en lo cotidiano de la materia.

Pero ese es el desafío. Una conducta energética ejemplar.

No adaptes las cosas sólo para que sean más cómodas.

Encara tus miedos. No intentes controlar los acontecimientos.

No controles a las personas, no las manipules.

Nunca hagas nada de lo que no te enorgullezcas.

Estos son mis consejos de sabio anciano para que puedas vivir ahí abajo de una manera espiritualmente saludable.

Y, antes que nada, encuentra tu esencia.

Conviértela en una prioridad en tu vida.

Habla con ella y escucha lo que ella quiere.

Y si empiezas a entender que ella te hace feliz, avanza. No tengas miedo.

Puede ser una de las raras ocasiones en las que te es dada a conocer tu alma.

JESÚS

235

La llamada

La vida te llama.

La vida te llama para que salgas de ese enredo en el que te has metido.

La vida te llama hacia nuevas y grandes aventuras.

Sólo tienes que decir que sí. Sólo tienes que aceptar el compromiso de honrar lo que has venido a hacer a la tierra, que es ser quien tú eres. Siempre que tú consigas en todas las ocasiones ser, el resto se hará por sí mismo.

Ven a ver la vida.

Sal de ese capullo, de ese mar de "pseudo-comodidad" emocional a la que te has entregado.

"Si no arriesgo, nunca voy a perder", piensas tú.

Y tampoco vas a ganar nunca, digo yo.

Por eso, cierra los ojos, respira hondo, abre tus alas y aprende de una vez por todas que el movimiento de aprender a volar empieza en ti.

JESÚS

236

Recibir

Aceptar recibir. Esa es la cuestión. Tu estás acostumbrado a dar, y ahí está el control. En cuanto das, vas controlando la evolución de los acontecimientos. Controlas los eventos y controlas a la persona a la que estás dando.

"En cuanto esté recibiendo, me está aceptando. No me está rechazando".

Y así, al limitarte a dar, intentando controlar el afecto ajeno, te vas bloqueando.

Quien cree que sólo es importante dar, bloquea.

Bloquea porque no pierde el control, no se relaja, no recibe.

Recibir es perder el control. Recibir es aceptar. Y saber que después puedes volver a necesitar y no recibir más.

Es aceptar que uno se puede quedar a merced, que se puede quedar débil, que puede sufrir.

Y tú no quieres sufrir, ¿a que no?

Yo lo entiendo, pero piensa que para no sufrir, no estás recibiendo.

Y si haces todo eso para ser aceptado, para no atraer el rechazo, entiende que, al no recibir, estás precisamente atrayendo el rechazo.

Piensa:

¿Cómo es posible que alguien esté haciendo una cosa determinada para no atraer rechazo y esté precisamente atrayendo eso?

Piensa. ¿Crees que es correcto?

Creo que no.

Mi consejo:

Ábrete. Ábrete a la vida. Para de controlar. Acepta recibir.

Las personas quieren dar. Pero estás cerrado. Prefieres no recibir para no perder el control, prefieres quedarte necesitado y sufrir.

Las personas quieren dar y tú estás sufriendo. Esto no puede ser correcto.

Ábrete.

Ábrete.

Aunque sufras, ábrete.

Aunque te quedes necesitado, ábrete.

Aunque te sientas mal, ábrete.

Aunque creas que las personas te van a hacer daño, ábrete.

Aunque ellas te hagan daño, ábrete.

Ábrete. Es la única razón por la que estás ahí.

Es la única razón por la que no has subido tu vibración para estar más cerca de mí.

Ábrete.

Para siempre.

JESÚS

237

Reprogramación

Para que puedas vivir nuevas experiencias.

Para que puedas vivir situaciones nuevas, emociones nuevas —y sabes que las emociones nuevas son la única cosa que te hará cambiar; que te hará cambiar radicalmente tu vida.

Las emociones nuevas van a reprogramar tu cerebro.

Van a reprogramar tus células.

Van a reprogramar tus órganos.

Van a reprogramar tu cuerpo.

Van a reprogramar tu vida.

Van a reprogramar las vidas de quienes estén cerca de ti.

Van a reprogramar tu ciudad.

Van a reprogramar el aspecto energético del mundo.

Van a reprogramar el Universo.

Y todo lo que existe tiene como única función reprogramar el Universo.

Nota: lee el mensaje siguiente.

JESÚS

238

Emociones nuevas

Para que puedas vivir nuevas experiencias, para que puedas vivir situaciones nuevas, emociones nuevas.

Lee el mensaje anterior y después continúa leyendo este mensaje.

No te sirve de nada intentar encontrar nuevos incentivos energéticos en la vida.

Todo lo que puedas tener o hacer en tu vida actual podrá cambiar tu estado de espíritu, pero por poco tiempo.

El hecho ocurre fuera de ti, te provoca una emoción, tú vives una nueva experiencia emocional, tu sistema energético percibe que vienen cambios en camino, se siente inseguro y empieza a exigir la energía antigua, y rápidamente vuelves al registro antiguo.

Tu sistema de creencias, que activa tu sistema de defensas, es tan poderoso que en raras ocasiones alguien eleva su frecuencia vibratoria de un modo perenne con algo que venga de fuera.

Es muy difícil que esto suceda.

En cambio, lo contrario no podría ser más justo. Y también difícil. Es así:

Primero llegas a un nuevo argumento. Una nueva forma de ver una cosa. Después crees en esa nueva forma. Empiezas a incorporar esa nueva forma de ver en tu sistema energético y en tu sistema de razonamiento.

Empiezas a vibrar en esa frecuencia.

Y reprogramas el Universo.

JESÚS

239
Tú

Vas a hacer una cosa hoy. Vas a poner una música que te guste mucho.

Vas a sentarte en tu sitio. Un lugar de la casa que sientas que es tuyo. Que te devuelva quien tú eres sin tener que hacer ningún tipo de concesiones. Un lugar que no te exija más que simplemente estar.

Simplemente ser.

Te sientas en ese lugar, cierras los ojos y te vas a llamar.

Sí. Vas a llamar a quien tú eres en realidad. No pienses. No inventes. Simplemente siente.

Llama a la energía de quien tú eres. Quien tú eres, en realidad. Y observa. Mira. Siente. Principalmente siente.

¿Quién es esa persona?

¿Te reconoces?

¿Ella es quien tú eres? ¿O aún te falta ser más para llegar a ella?

¿En qué cosas piensa?

¿Son las cosas en las que tú piensas?

¿Y cómo las piensa ella?

¿Igual que como tú piensas?

¿Y qué es lo que ella siente?

¿Consigues sentir lo que ella siente?

¿Es así como sientes tú?

¿En qué cosas cree? ¿Y tú?

¿Ella cree en mí?

¿Ella me ama?

¿Y tú?

Déjala venir hasta mí.

Déjala subir.

Y ahora, sube tú también.

JESÚS

240

Siente el amor

Vamos a hacer una meditación. Ven. Hazla conmigo.

Siéntate en un sitio muy acogedor. Donde te sientas muy a gusto.

Pon una música que te guste.

Cierra los ojos y respira varias veces, profundamente.

Siente —no necesitas ver nada, en esta fase— una luz invadiéndote. Una luz pura, una luz de cura.

Cuando te sientas ligero, limpio, vas a pensar en todas las cosas buenas que tienes o que ya has tenido en esta vida.

En las emociones y experiencias fantásticas que ya te has permitido tener en la vida.

En los mejores días.

En las mejores noches.

Llama a la energía de las personas que amaste y amas en esta vida.

Incluso de las personas que no te han hecho muy bien, pero que has amado.

Incluso de las que te hicieron sufrir, pero que has amado.

Llama a la energía de todas esas personas. Y siente el amor.

Siente el amor que tienes por ellas.

Comprende que, independientemente de lo que ocurrió entre ustedes, ellas están en tu vida para enseñarte a amar.

Y a honrar ese amor dentro de ti.

Están en tu vida para mostrarte que tienes todo ese amor ahí, dentro de ti, para que lo ejerzas.

Para que ames.

Sin esperar nada.

El amor, antes de ser un intercambio, es una bendición para quien lo siente. Para quien lo consigue sentir. Siéntelo, solamente.

Quédate con la energía de esas personas ahí delante de ti. Y ama.

Solamente. Ama, ama, ama.

E, independientemente de su respuesta a tu amor, sentirás tu energía subiendo de vibración y elevándose.

Y cuando tu pecho esté a punto de reventar de tanto amor que emana, eleva tu conciencia y ven a amarme a mí.

Porque solamente me consigue amar quien ama a los demás hombres —o a su alma—, quien consigue amar la vida.

Por eso, cuando tu pecho esté a punto de reventar de tanto amor por el ser humano, a pesar de su imperfección, estarás amándome inmediatamente.

Y amándote, ya que formas parte de esta clase tan imperfecta como mágica llamada humanidad.

JESÚS

241

Entiende

Puedes no saberlo, pero la situación que estás viviendo sigue un patrón.

Tiene una frecuencia vibratoria. Tiene un timbre energético.

Entiende eso.

Independientemente de quien te haya puesto en esa situación o si fuiste tú mismo quien la provocaste.

Independientemente de que te hayan hecho daño o de que hayas hecho daño a alguien.

Independientemente de que te hayan hecho sufrir, a ti o a otras personas. Independientemente de todo, entiende que esa situación no es única en tu vida y que la emoción que ella activa no te es desconocida.

Puedes no haber vivido en esta vida esa situación en particular, pero con seguridad ya has vivido otras situaciones con el mismo peso emocional.

Eso que estás sintiendo ahora, independientemente de todo, de quien lo provocó, de cómo o cuándo, independientemente de cualquier cuestión externa a tu pecho, eso que estás sintiendo ahora te es conocido.

Más que ser conocido, es tuyo.

Es una emoción de tu alma, una densidad que aún no está resuelta y que de vez en cuando sale a la superficie para que puedas entender que aún no está resuelta.

Por eso, para de enfocar tu atención fuera de ti mismo.

Ve a buscar esa emoción tan conocida.

Olvídate de las personas. Olvídate de las cosas. Las circunstancias.

Céntrate en tu pecho. Céntrate y tira de esa emoción. Tira de ella. Tira de ella.

Siente. Siente.

Y cuando ese sentir te invada, por haber decidido aceptar que es tuyo, que te pertenece, en ese momento y sólo en ese momento llega la hora de sacarlo. De deshacerte de él.

Entiende una cosa:

Nunca vas a poder deshacerte de algo que no hayas aceptado como tuyo.

Y este es un concepto que deberás llevar hasta el fin de tu vida.

Primero acepta que es tuyo. Después retíralo.

"¿Y cómo se retira?", preguntas tú.

Yo te respondo. Prescinde de esa emoción. Considera que es tuya, pero no de esta vida, que viene de tiempos pasados y que ya no hace nada aquí.

Prescinde. Entiende que ya no necesitas esa emoción para ser quien eres. Esa emoción no es creativa, no es positiva. Y hoy, en tu pecho, sólo podrán caber emociones positivas, constructivas y que hagan avanzar a tu alma en dirección a la evolución.

Prescinde de lo que estás sintiendo.

Para de creer que los demás son lo que te han llevado a ese estado.

Entiende que eres tú quien te llevas a ese estado cada vez que miras a los demás como si ellos fueran los malos de la película.

Entiende eso, y estarás cada vez más cerca de la verdad.

JESÚS

242

El peso del mundo

¿Sabes por qué te duele la espalda?

Porque cargas ahí el peso del mundo.

El peso de todas las personas a las que quieres salvar —y crees que puedes salvar.

El peso de todas las cosas que te gustaría que fuesen de otra manera —sin entender que son así porque tu energía ha pedido que fuesen así, para provocar cosas en ti en las que puedas trabajar.

El peso de tu exigencia de que todos a tu alrededor estén bien —sin entender que si no están bien, no puedes hacer nada.

Todo eso tiene un nombre. El peso de tu espalda tiene un nombre.

Culpa.

Culpa es cuando tú intentas responsabilizarte por las elecciones de otros. Y por la vida que esas elecciones atraen.

Tú sólo puedes responsabilizarte por dos cosas. Por tus elecciones y por tu vida. Nada más.

Todo lo demás es apenas una fuga a la responsabilidad de tu propia vida.

Es más fácil mirar hacia otros. O mejor, a los errores de los demás. Miras hacia fuera para huir de mirar hacia adentro.

Porque adentro duele.

Y por eso te duele la espalda.

El día en que te permitas mirar hacia adentro de una forma directa, madura y responsable, sólo en ese día podrás dejar de centrarte en lo que está fuera de ti, parar de exigir, limpiar tu culpa y, quien sabe, si en lugar del dolor de espalda surgirán dos alas que estaban presas y que ahora tienen autorización para volar.

Y ese día yo estaré aquí arriba esperándote, para enseñarte el cielo.

Jesús

243

Incomodidad

Es en la mayor incomodidad donde encuentras tu mayor habilidad.

Es en ese lugar horrendo, de incomodidad absoluta, donde encuentras tu tolerancia, paciencia y disponibilidad.

Cuando escoges aceptar la incomodidad, escoges también ser tolerante. Escoges ser paciente. Sabes que va a durar —aunque sea un poco— y aceptas pasar por ello.

Y aprender. Y limpiar. Y vivir. Experimentar.

Y después de vivido el drama, después de derramar sangre, podrás saber que sobreviviste, y a partir de ahí se regeneró por completo tu relación con el miedo.

JESÚS

244

Escoge por ti

¿Te has dado cuenta de la fuerza que tiene una elección?

¿Cuando una persona escoge por sí misma, por quien es, porque quiere consolidar el ser?

Cuando la persona escoge por sí misma, por la luz que tiene, no hay consecuencia que le haga temblar.

No hay percance que la desmotive. Y porque esa elección viene de adentro, de las profundidades de la esencia, tiene una fuerza avasalladora.

Y crea autoestima. Crea amor propio, autoconstrucción. Crea energía para más y más elecciones. Y cuando la energía de la elección se libera, crea un movimiento ondulatorio en dirección al Universo.

Universo que devuelve, en forma de abundancia, una energía tranquila y pacificadora.

Y el ser se deslumbra de tanta luz.

Y el cielo se enriquece cada día que pasa.

Esa es la fuerza de la elección.

La fuerza de hacer crecer al Universo.

Jesús

245

Llámame

Son tan conscientes las comunicaciones…

Eso quiere decir que has subido los niveles necesarios para tocarme.

Para que yo toque tu corazón, tu energía.

Para que yo sustituya siglos de células patrón de energía oscura.

Para que yo te proporcione recursos de purificación.

Has subido de tono. Has subido de timbre. Has subido de vibración.

Y cuando hoy llegas aquí arriba con esa facilidad, no pienses que es tu imaginación. Yo estoy aquí realmente diciéndote a qué vengo.

Siente mi respuesta.

Escucha mi versión.

Porque los acontecimientos de la vida sirven para más que simplemente un objetivo.

Todo está entrelazado y perfecto de manera que obtengas la inspiración necesaria para retirar de dentro de ti mismo todo lo que no seas tú.

Llámame, y yo vendré. Vendré a dar color a tus días. A llenarlos de significado. Vendré a darte instrucciones sobre la mejor forma de vivir en la materia. Vendré a traerte amor puro y jovial, y a poner en tu pecho la información que sea necesaria en este momento de tu vida.

Llámame y yo vendré a llenarte de mi luz y a hacerte brillar hasta las estrellas.

Para que no te olvides de donde has venido. Para que no te olvides de quien escogiste venir a ser.

JESÚS

246

Sólo hay una manera

En realidad, sólo hay una manera de hacer las cosas.

No hay varias maneras, y cada uno hace la suya. Las diferentes formas de actuar definen la diversidad del ser humano.

Tampoco hay dos maneras de hacer las cosas, pues los opuestos definen la dualidad de la materia.

Sólo hay una manera de hacer las cosas.

Y todas las otras maneras son caminos para llegar allí.

Son formatos de ahí abajo, densos, sin la alta frecuencia que se les pide a los aspirantes espirituales.

Sólo hay una manera. Y esa es: sentir, sentir, sentir.

Cuanto más abierto el sentir, mejor.

Cuanto más respetes ese sentir, mejor.

Cuanto mejor entiendas que ese sentir es tu yo verdadero, aquel al que no atan las cadenas y no persuaden los conceptos, mejor.

Cuanto más celebres esa sensibilidad extrema, mejor.

No hay dos maneras de hacer las cosas.

Sólo hay una.

Y esa está muy relacionada conmigo.

JESÚS

247

Movimiento

Cuando todo está mal, concéntrate en ti mismo.

Cuando todo a tu alrededor se esté derrumbando, piensa que el movimiento del Universo, cuando quiere que tú entres en ti mismo, hace que todo a tu alrededor se derrumbe.

Es un movimiento perpetuo. Tú sales de tu energía para buscar seguridad en los demás.

Todo lo que está fuera de nosotros es más fácil.

Todo lo que está fuera de nosotros es más cómodo.

Es seguro.

Lo difícil es entrar en ti mismo. Ahí dentro están las tristezas, heridas, resentimientos y amonestaciones. Ahí dentro está oscuro. Ahí dentro hace frío.

Por eso, es comprensible que huyas de ahí dentro lo más rápido que puedas. Y te agarres a los demás.

Y al apegarte a los demás, estás provocando que el Universo reaccione.

El Universo no puede permitir que te mantengas fuera de ti.

Por tanto, va a tener que quitarte la seguridad que encontrabas en tu relación con los demás.

¿Y cómo te va a quitar la seguridad el Universo?

Es simple. Destruye tu ilusión de que esas relaciones fuesen verdaderamente satisfactorias.

¿Y cómo destruye tu ilusión?

Desilusionándote.

De repente, sin un porqué, las personas en las que depositabas tanta confianza, se enfadan contigo, estropean las cosas, no te dan la atención debida, enferman, mueren.

Todo este movimiento de perder a los demás —o mejor dicho, la ilusión de la relación idílica que tienes con los demás— tiene un único y singular propósito.

Hacerte mirar hacia dentro de ti. Sentir tu propia energía.

Hacer que te veas. Te hace crear a alguien que te gustaría ser. Que te enorgullezcas de ser.

Todo este movimiento te coloca indudablemente en tu propia dimensión emocional.

Te hace sentir.

Y a través del sentir, aunque sea dolor, aunque sea alegría, ese sentir va a hacerte abrir el canal.

Te va a hacer subir por el canal.

Te va a enseñar a venir aquí arriba a buscar seguridad en el único lugar del cielo que te puede dar realmente seguridad.

En los seres de luz.

En el yo superior.

Y, en último lugar, en Mí.

JESÚS

248

Ámame

Ámame.

El encanto de la vida reside en el amor que sientes por mí.

Y el amor que sientes por mí te aproxima a mi energía.

Y subes más alto.

Y subes más puro.

Ámame.

Solamente siente ese amor por mí.

Y vas a ver que ese amor va a romper las barreras personales, va destruir castillos, paredes, bloqueos y discrepancias.

Va a romper amarras y arquetipos de limitación.

Ámame.

Siente. Elige sentir ese inmenso amor por mí sin querer nada a cambio, sin esperar siquiera la luz de mi presencia.

Porque incluso el esperar que yo te ame o demuestre mi amor reside fuera de ti.

Solamente ámame.

Y deja que ese amor invada tu vida, tu cuerpo, tu energía.

Deja que ese amor invada a las demás personas y a la tierra.

Deja que ese amor crezca e invada el cielo.

Y cuando menos te lo esperes, cuando pienses que solamente es eso y nada más que eso, vas a tener una sorpresa.

Voy a descender por el canal de amor que emanaste, y en una noche tranquila me tumbaré a tu lado, bien cerquita, y te contaré al oído historias de aquí arriba, del cielo.

Y tu vida va a cambiar después de esa noche.

Y nunca más vas a necesitar quedarte solo, porque tocaste en la esencia de la vida y ganaste luz propia que aleja definitivamente a la soledad.

JESÚS

249

Llorar para dejar de perder

Pues bien.

¿Qué es llorar?

Llorar es retirar la energía negativa que, estando dentro de ti, te hace atraer precisamente la circunstancia que atrajiste y que te dejó triste.

Y, al retirar esa energía —partiendo del principio de que atraes siempre una energía igual a la que emanas—, al retirar esa energía, dejarás de emanar y, por consiguiente, dejarás de atraer.

Entiende el circuito:

Tienes una energía dentro de ti. Energía de violencia, por ejemplo. Vas a emanar esa energía de violencia. Por tanto, atraerás una energía igual o equivalente. En este caso, atraerás violencia.

Tendrás dos opciones:

Primero: rebelarte contra quien te hizo daño, poniendo tu atención en el otro, que está fuera de ti, sin ir ahí dentro, sin limpiar y continuar, por tanto, emanando.

Segundo: entender que esta situación te dejó triste —sin juzgar al otro que te hizo daño—, llorando esa tristeza, retirando esa energía de tu pecho y dejando así de emanar.

Y así, por el orden natural de las cosas, no continuarás atrayendo violencia porque la dejaste de emanar.

Como ves, llorar es el principio básico. El resto se hace por sí mismo.

Según el ejemplo mencionado anteriormente:

Recibes violencia.

Lloras por haber recibido violencia.

Retiras la violencia de tu pecho.

Dejas de emanar.

Dejas de atraer.

¿Es simple, verdad? Es más difícil ponerlo en práctica, yo lo sé.

Y por eso el ser humano nació con ego. El ego, cuando comprende y se compromete con la luz, tiene la fuerza suficiente para hacer esto que yo propongo… y mucho más.

Por eso, puedes empezar ya.

Llora.

Te va a hacer bien.

Y yo estoy aquí arriba en el caso de que necesites alguna cosa más.

JESÚS

250

Renacer

Tú estás renaciendo.

En todos los sentidos, en todas las formas, en las acciones cotidianas más pequeñas, estás naciendo otra vez hacia una nueva vida.

Cada vez estás más cerca de mí.

Cada vez vibras más alto, más puro, más sutil. Cada vez más, alcanzas la dimensión del cielo donde las hadas pueden volar.

Este es el tiempo del renacimiento. Es el tiempo en que los hombres entiendan la misión.

Entiendan que la verdadera misión, la única misión posible para el ser humano dentro de la humanidad, es conseguir ser único, inconfundible e inviolable.

Es conseguir destacar sobre más de siete millones de personas.

Ser auténtico.

Ser orgánico.

Ser especial.

Jesús

251

El día de la esencia

Hoy es el día de la Esencia.

De jugar con ella, de darle atención, de tomarla en serio.

A nivel evolutivo, tu yo superior es el maestro.

Es quien te puede enseñar. Es quien tiene tu plan de vida allí arriba, el plan al que debes recurrir en caso de duda.

Y, en ese caso, es el yo superior.

A nivel de autoestima, experiencia terrenal y autorrealización, es la esencia la gran señora.

Es ella quien sabe lo que te va a hacer feliz ahí abajo. Con los recursos de ahí abajo.

Ella es quien tiene tu plan de vida ahí abajo y es responsable por hacer que tú lo cumplas de la manera más creativa posible. Creando un yo nuevo cada día. O, por lo menos, rejuveneciéndolo cada día.

Y hoy es su día. Haz algo que desees hacer hace mucho tiempo.

Ten ese coraje. Esa osadía de ir tras lo que te hace feliz.

Ve. Haz eso. Y ofrece esa osadía a tu esencia. Dásela.

Muéstrale cuánto la quieres y confías en ella.

Conversa con ella. Pregúntale cómo es que ella quiere que te vistas hoy, cómo le gustaría que te peinases, y a partir de ahí todo lo demás.

Vas a ver que esa bolita blanca en tu pecho va a empezar a hablar. A decir lo que quiere y a lo que viene.

Reserva un día sólo para estar con ella. Dale prioridad en tu vida. Y vas a ver cómo vas a empezar a dar fuerza a una de las mayores aliadas del cielo en la tarea definitiva de hacerte feliz.

JESÚS

252

Tu amor por mí

Tu amor por mí te va a salvar.

El amor que sientes por mí, esa luz que sale de tu pecho, es lo mejor de ti. Y, al amarme, estás buscando lo mejor de ti.

Por tanto, cuanto más me ames, cuanto más vibres en esta frecuencia tan alta que es el amor, más tiempo estarás vibrando más alto, sacando lo mejor que tienen tus células.

Y ya sabemos que cuanto más da lo mejor de sí el ser, más abundancia recibe del Universo.

Ya que al amarme estarás recibiendo ese amor del Universo.

Y ese amor salva.

JESÚS

253

Subir de vibración

Las emociones básicas tienen una frecuencia vibratoria muy baja.

Cuando tienes rabia, por ejemplo, vibras tremendamente bajo —y donde hay una vibración baja, hay mucha densidad.

Cuando estás apegado a algo, por ejemplo, la vibración es bajísima.

La densidad es muy alta. Cuando escoges subir de vibración, te desapegas de las personas y de las cosas y entregas todo.

"Será lo que tenga que ser. Será lo que sea mejor para todos. Será lo que sea".

En ese momento subes de vibración. Pierdes violencia. Vibras más alto. Brillas más. Y cada vez estás más cerca del cielo.

JESÚS

254

Ámame y ámate

Ámame a mí dentro de ti. Porque yo estoy dentro de ti. En cada trocito de ti, en cada célula, yo estoy ahí.

Y solamente cuando entras en contacto profundo contigo es que entras en contacto profundo conmigo.

Y solamente cuando te amas eternamente es que consigues amarme eternamente.

Porque cuando me perdiste hace dos mil años, cuando yo desaparecí de tu vida, tú no te consideraste merecedor de nada —ya que no eras merecedor de mí. Este fue tu razonamiento que perdura aún hoy.

Y no fue esa mi intención. Yo salí de tu vida para que, a costa de no tenerme más, mirases hacia dentro y entendieses que yo estaba ahí.

Y al entender que yo estaba ahí dentro, me amarías, y por tanto te amarías, al entender que eras merecedor de mi presencia dentro de tu energía.

Y hoy la elección continúa siendo tuya. O sientes mi falta fuera de ti, te concentras en mi ausencia y, por consiguiente, no te crees merecedor de mi presencia en tu vida...

O entiendes que me fui de tus ojos para que me sientas dentro de ti y te ames por eso.

Hay que hacer una elección aquí.

Y eres tú quien la tiene que hacer, nadie más.

Yo sólo puedo iluminarte, no puedo escoger por ti.

Mi elección ya está hecha, que es amarte eternamente, hagas la elección que hagas.

Yo estaré siempre aquí.

Esperándote.
Esperando que entiendas.
Esperando que escojas amarme y amarte.
Esperando que te rindas a la luz.
Esperando que sientas que la luz soy yo.

JESÚS

255
Expectativas

Elimina todas las expectativas. De todo. De todos. Deja de esperar que las cosas sean así o de otra manera.

Deja de esperar que las personas sean así o de otra manera.

Deja de hacerte películas, de crear ilusiones.

Eso sólo activa tu control, tu manipulación y tu ego.

Imagina que prescindes de tener expectativas en relación con la vida. A partir de ese momento, vas a sentir que todo lo que la vida te da es una bendición ya que no esperas nada de ella. Y así consigues agradecer todo lo que la vida te da.

Porque no consideras que sea una obligación de la vida darte esas cosas.

Imagina que prescindes de tener expectativas en relación con las personas.

Si ellas te fallan te quedas tranquilo, ya que no esperabas nada.

Si ellas fuesen dóciles, sinceras y cariñosas, si fuesen amigas, cómplices y compañeras, como no estabas esperando nada, consigues ver y agradecer esos actos.

Normalmente el ser humano tiene demasiadas expectativas, y todo lo que recibe le parece poco. Quería más, creía que debía de tener más.

Y ese más estropea todo. Transforma al ser en una persona calculadora, competitiva y mezquina.

Y ese ser, en ese estado, sólo tiene resentimiento. No se siente grato por nada, no recibe nada porque cree que las cosas ya son suyas desde un principio.

Y ese ser tendrá más decepciones que alegrías. Tendrá más resentimiento que gratitud.

Y un alma sin gratitud no va absolutamente a ningún lado.

JESÚS

256

Antes de despertarte

Hay muchas cosas que suceden durante el sueño.

Tu alma no habla con tu mente. Habla, en cambio, con tu corazón.

Ella tiene una comunicación directa y clara con tu corazón. Sin intermediarios ni manipulaciones.

Con tu corazón, la comunicación del alma fluye, pues éste la entiende, y lo más importante, la siente. Y al alma le encanta ser sentida. Le encanta ser comprendida y tomada en serio.

Pues ella carga con tu proyecto de vida sobre la tierra. Tu misión. Ella sabe hasta el más ínfimo detalle de lo que te falta por realizar, y hasta qué punto estás fuera de tu camino... o dentro de él.

Como ves, la comunicación con el alma es indispensable para quien quiere iniciarse y mantenerse en la rueda evolutiva.

Pero lo que sucede es que tu mente, tu ego no está muy interesado en esto. Tu ego es una fuerza de supervivencia, y como tal sólo le interesa lo inmediato y lo cómodo. Su función es hacerte sentir bien y apartarte del sufrimiento.

La cuestión es cómo lo hace. Normalmente intenta cumplir la función de una forma inmediata, yo diría que hasta cobarde.

Te hace huir.

Te hace huir del dolor —aun cuando el dolor vaya a reventar en tu pecho— y es obvio que no hay huída posible.

Te hace huir de las emociones —y sabemos que quien huye de las emociones, a medio plazo se bloquea y enferma.

Te hace huir del enfrentamiento —haciéndote hipócrita y mentiroso.

Te hace huir de lo desconocido —haciéndote conformista y vagos.

Te hace huir de la sensibilidad —haciéndote frío y duro.

Te hace huir de la espiritualidad —haciéndote un ser perdido y sin rumbo.

En conclusión, te hace huir de tu alma —haciéndote triste y desalmado.

¿Y qué tiene que ver todo esto con el sueño? Todo.

Es durante el sueño cuando el ego está más desactivado, y el alma tiene alguna oportunidad de manifestarse. Es durante el sueño cuando grandes secretos son revelados acerca de cómo se siente nuestra alma, acerca de lo que realmente sentimos en relación con las cosas, con las personas, con lo que nos ocurre y con el estado de nuestra vida.

Es durante el sueño, con o sin sueños, cuando nuestro yo más profundo tienen la oportunidad de decir a lo que viene.

Por eso, a partir de hoy, antes de despertarte completamente, cuando aún estés amodorrado, en aquel momento en el que aún no consigues abrir los ojos, porque aún pesan, en ese momento, en vez de saltar de la cama hacia un día más a velocidad supersónica, para.

Para. Quédate quieto.

Quédate uno o dos minutos quieto, con los ojos cerrados, sólo sintiendo.

Sólo recibiendo lo que la noche te trajo. Aun cuando no te acuerdes del sueño que tuviste, no pasa nada. Durante los primeros minutos después de despertar, se queda una sensación... una emoción, una frecuencia en el pecho.

Quédate ahí. Siéntela. Comprende que esa es una comunicación de tu alma.

Es lo que ella te quiere decir hoy.

Si sientes una opresión, una sensación extraña, un miedo o una intranquilidad, no huyas. No actives tu ego, tu mente, para huir una vez más de esa comunicación tan sutil.

Quédate ahí. Siente. Llora si es necesario.

Abre imaginariamente tu pecho y retira de allí la densidad, lo oscuro, el peso. Respeta lo que sientes. Y después sí puedes empezar tu día. Puedes ir hacia tu vida con la seguridad de que hiciste algo por tu alma, de que diste un paso más en dirección a tu propia evolución, lo que te dejará invariablemente más próximo de la felicidad.

JESÚS

257

Te lo agradezco

Quiero agradecerte todo el bien que has hecho a la tierra, al subir la vibración de tu energía.

Quiero agradecerte todo el bien que haces a la tierra cada vez que te eliges, que eliges la luz. Cada vez que te apartas de todo lo que no es tuyo y no vibra en ti. Esa elección sube enormemente la energía de la tierra, como un campo magnético incorporado.

Quiero agradecerte la disponibilidad en trabajarte, consultando mis mensajes y esforzándote por comprender esta nueva lógica.

Gracias.

Te agradezco por tu fe, por tu disponibilidad y por la dedicación.

Por ir adonde duele, creyendo que pasará rápido.

Gracias por la emoción.

Jesús

258

Equivocaciones

Las cosas no son siempre del modo en que a ti te gustaría que fueran. Ni siempre los demás ven las situaciones de la misma manera en que las ves tú, ni ponen en las cosas la energía que a ti te gustaría que pusieran.

Una persona puede estar de acuerdo contigo en una cosa, formalmente hablando.

Digo formalmente porque está en la categoría formal. Que tiene forma.

Solamente la forma. Sólo.

Esa persona puede estar de acuerdo contigo en la categoría formal, pero la energía que ella pone en el asunto es completamente diferente de la tuya.

A eso lo llamamos equivocaciones. Tú piensas que una persona hace algo con una intención, y ella no sólo lo hizo con otra sino que considera que tú haces las cosas con la intención que ella imagina.

¿Complicado? Realmente no.

Haz lo siguiente.

Independientemente de los acuerdos formales que hagas con las personas, independientemente incluso de que estés de acuerdo en casi todos los puntos —y digo casi, porque nunca estás de acuerdo en todos los puntos, ¿verdad?—, independientemente de todo… siente la energía.

Cierra los ojos, déjame entrar y siente. Siente la energía del otro. Siente tu energía. Siente la energía de los dos en relación con el asunto en cuestión.

Yo te prometo que sacarás grandes conclusiones de esta tu pequeña meditación.

Ahora ya sabes qué hacer.

Puedes avanzar.

JESÚS

259

Agujero en el pecho

Yo comprendo que cuando una persona ama, desee vivir un sentimiento profundo de compartir entre dos.

Desee vivir aquella sensación increíble de estar vivo, de que el pecho estalla, de que todas las flores son bellas y de que la vida es inconsecuente y lo que importa es el amor.

Pero no es eso lo que ocurre.

El ser humano tiene un mecanismo de carencia, que funciona de la siguiente manera:

Tiene un agujero en el pecho. Un agujero provocado por siglos de privaciones.

Un agujero provocado por memoria kármica, vidas y vidas cuyas emociones no se limpiaron, y que ahora piden cuidados. Un agujero provocado por la ausencia del yo superior, su alma —que en el momento de nacer se queda allá arriba esperando a que el ser se conecte para poder entrar y llenar su pecho.

Un agujero provocado también por la anulación de la esencia, después de tantos siglos de mirar afuera, hacia los demás: "Quiéreme, quiéreme".

De ahí que ahora este pecho esté oscuro y frío. Está desolado y enfermo. Y duele. Y cuanto más duele, el ser menos va ahí, menos se relaciona con él.

Pues bien, cuando se enamora, ¿qué ocurre?

¿El pecho se abre y estalla de amor de un momento para el otro? No. ¿El ser pasa a acceder al amor que vive dentro del pecho, a pesar del dolor? No.

Simplemente, el ser queda extasiado por haber encontrado finalmente a alguien que despierta una emoción tan fuerte que puede tapar el agujero.

Y a eso no se le llama amor. Se le llama carencia.

Ese pecho aún no ama.

Ese pecho aún sólo quiere que el dolor pare.

Y como no es amor, no puede durar mucho tiempo. Y aunque dure mucho tiempo, puede que no sea muy bueno.

Cuando el pecho entiende que la persona supuestamente amada no llena el agujero, empezarán los reproches, empezarán las discusiones, empezará la confusión.

Aprende esto:

Nadie puede tapar el agujero del pecho de otra persona.

Nadie puede recibir amor si emana carencia.

Primero que todo, hay que ir al pecho, trabajar las memorias kármicas —de otras vidas— que provocan dolor, y restablecer la esencia.

Solamente después, el amor verdadero se presentará.

Y en ese momento, yo te garantizo que ocurrirá un fenómeno bellísimo. Vivirás la mayor emoción de tu vida.

La mayor emoción de tus vidas.

JESÚS

260

Voy a brindar por ti

Observa cómo se mueve la energía cuando las cosas que son para ti empiezan a aproximarse.

Observa cómo las cosas cambian de forma. Claro, tú has cambiado tu energía.

Has pasado mucho tiempo intentando corregirte, intentando armonizarte y, principalmente, rompiendo patrones.

Rompiendo patrones. Esa es la clave.

Patrones antiguos como el tiempo, que se empeñan en manifestarse en esta vida, en este tiempo.

Y esos patrones de origen inmemorial te siguen a todos los lados. En tu comportamiento, en tus actitudes.

Patrones que te convierten en un ser que funciona con un piloto automático, sin cuestionarse, sin saber por qué hace las cosas, sin sentir.

Has pasado mucho tiempo rompiendo esos patrones en esta vida. Has aceptado la transformación.

Y ahora voy a brindar por ti.

Voy a celebrar.

Voy a festejar que lo hayas conseguido.

Que hayas transformado las cosas y que te hayas aproximado a la luz.

Claro que aún falta un poco para llegar aquí.

Te voy a contar un secreto. Siempre va a faltar un poco para llegar aquí, en cuanto andes por ahí.

Pero lo que importa es que ya has iniciado tu camino, y eso podrá llevarte más allá de la eternidad.

Ahora, en este momento, mira cómo la energía se mueve a tu favor.

Recibe las bendiciones del cielo.

Recibe lo que tengo para darte.

No huyas.

Cuando la energía llegue, no pienses que es una casualidad. No pienses que no es para ti, o que es una equivocación.

Entiende que soy yo. Entiende que te envío esto como agradecimiento por el tiempo que te concentras en ti.

Recibe la bendición.

Y vas a entender el bien que hiciste a la humanidad al aceptar subir un poquito más.

JESÚS

261

La hora de recibir

Aprovecha lo que yo te envío.

No todo es para trabajar.

No todo es sufrimiento. Confía en que cuando la lección está bien aprendida, grandes bendiciones vienen de camino. Lo que te estoy enviando esta vez puede ser muy colorido. Puede ser bueno. Puede hacer que tu alma sonría de nuevo, si lo sabes aprovechar; si paras de juzgarte, creyendo que no lo mereces, que no es para ti.

"Sólo quiero lo que sea bueno para mí. Lo que el Universo tenga para darme...", te oigo decir algunas veces —aunque tú no me oigas, yo te oigo.

Pues esto es para ti. He sido yo quien te lo ha enviado. Has sido tú quien lo has atraído con tu nueva energía.

Has trabajado, has ido al fondo y te has transformado.

Ahora es la hora de la bendición. Es la hora de recibir.

Y cuando estés aprovechándolo, cuando estés disfrutándolo, acuérdate de que en cada partícula de esa experiencia hay un dedito del cielo.

JESÚS

262

Descubre la tristeza

Cuando una persona esté muy enfadada contigo, cuando considere que debías haber hecho esto o aquello, entiende lo siguiente:

Esa persona está adolorida. Le duele el pecho, y como ella no tiene experiencia en digerir las cosas del pecho, acaba por enrabietarse. "Esa rabia la digiero yo muy bien", piensa ella. Pero la rabia destruye tu sistema central, que se desprograma y necesita ser alimentado por más rabia.

Y el círculo nunca para.

Y el dolor se queda ahí por explorar, por limpiar y por llorar.

El luto se queda ahí por hacer.

¿Quieres ayudar?

Cuando alguien esté muy enfadado contigo, pregúntale: "¿Por qué estás triste?".

Y ayúdale a acceder a su dolor. A su tristeza.

Y conforme el ser va accediendo al dolor, va perdiendo la rabia, pues esta sólo estaba ahí para protegerlo de acceder al dolor —con todas las consecuencias que la rabia trae. Conforme el ser va accediendo al dolor, va perdiendo violencia. Y dejando, naturalmente, de atraer violencia.

¿Quieres ayudar realmente?

Haz lo siguiente.

Cuando alguien esté enfadado contigo, descubre cuál es el motivo, ayúdalo a acceder a su tristeza y dale un abrazo.

Y quédate quieto, así, consolándole en su dolor.

Y los dos nunca más olvidarán ese día. Y sus almas serán amigas para siempre.

JESÚS

263
Siéntete

Siéntete.

Aun hay muchas cosas por salir, pero tu energía ya está más depurada.

Si quieres, ya puedes sentir. Tu energía original ya se consigue sentir, ya se puede manifestar, y puedo decirte que hoy en día hay muy pocas personas en tu situación.

La mayor parte de ellas están tan llenas de desperdicios kármicos que ni consiguen vislumbrar un atisbo de su energía original.

Siéntete.

Y cuanto más hagas este ejercicio de sentirte, más activarás tu energía original y más entero estarás en tus cosas, en tu vida.

Sé que es difícil concentrarse en sí mismo para quien ha pasado los últimos siglos concentrándose en los demás. Pero ya has caminado mucho hasta aquí y encontrarte contigo mismo es, definitivamente, tu último giro en el vuelo.

Y yo estoy aquí para todo, absolutamente todo lo que necesites.

JESÚS

264

Dos grandes lecciones

Consigo comprender tu necesidad de hacer las cosas que sientes.

Deja que la vida fluya, acepta cambiar de dirección. Quedarte a merced del viento, guiado por el propio movimiento del imán de la vida.

Comprendo y acepto.

Acepto y bendigo.

Pero debes entender que, a pesar de que yo comprenda y te diga que tienes ese derecho, e incluso enseñarte que debes luchar por él, debo avisarte que tu vida no se va a hacer precisamente fácil.

Las personas a tu alrededor quieren certezas.

Ellas son como tú eras al principio.

Quieren certezas emocionales, quieren seguridad.

Están más apegadas a ti que a ellas mismas.

Y, por tanto, no quieren que tú cambies.

Tu cambio va a desarticular sus certezas, va a sacudir sus vidas.

A ellas no les gusta el caos. Ellas no saben que sólo aceptando el caos es como se cambia realmente. Sólo aceptando que no tienes que ser hoy quien fuiste ayer, que tienes que reinventarte todos los días, sólo aceptando eso es como vas a avanzar realmente en dirección a la evolución.

Los demás tienen planes para ti.

Principalmente planes que no agiten mucho sus vidas. Y tu cambio no es definitivamente uno de ellos.

¿Qué hacer?

¿Cambiar, seguir tu camino y desagradar a todos a tu alrededor o dejar todo como está y arriesgarte a morir de tedio, consumido por la rutina, con una esencia tosca y sin brillo?

Aprende una cosa. Hay muchos momentos en la vida —realmente muchos— en los que decir que sí a los demás puede significar decirse no a sí mismo.

Y tú has venido a hacer evolucionar a tu alma, no la de los demás.

Pero también sé que no los quieres hacer sufrir. Yo lo comprendo.

Pero piensa así. Piensa que ellos también tendrán que aprender, y si no aprenden por medio de ti, tendrán que aprender por la vida, y las lecciones de la vida pueden ser dadas a través de tus propias acciones.

¿Confuso? Te lo explico.

Imagínate que nosotros aquí arriba percibimos que es la hora de que la persona A o B se desapegue. Es la hora de promover el desapego emocional para que ella mire definitivamente a su esencia.

Esa persona necesita atraer una pérdida emocional para desapegarse.

E imagínate también que tú estas aprendiendo a dejarte fluir, y dejarse fluir es escucharse, es dar prioridad a su esencia. El escenario está completo, la persona necesita desapegarse y tú necesitas dejarte ir para encontrarte.

Naturalmente, tú serás la pérdida de esa persona. Cuanta más necesidad tengas de marcharte, de no depender más, de dejar fluir a la vida en otra dirección, más la persona va a sentir que te está perdiendo y va a empezar a desapegarse.

En resumen:

Con un sólo evento —tu vida fluyendo, tú aprendiendo a respetarte— promuevo dos grandes lecciones.

Gozo e interiorización para uno y desapego e interiorización para otro. ¿Te has fijado que la interiorización está siempre presente?

Por eso, cuando pienses que la necesidad que tienes de que tu vida fluya más hace que los demás sufran, piensa que puede ser así realmente, puede ser esa la intención del cielo.

Y que esa acción tuya puede estar relacionada con la evolución del otro y que a todo este enredo energético nosotros, aquí arriba, lo podríamos llamar ...destino.

JESÚS

265

Vuelve

Es la hora de volver a casa.

Volver al viejo jardín, a los viejos olores y los viejos sabores.

Es la hora de dejar las aventuras allá afuera, atar los caballos y recoger la infantería.

Vuelve.

Vuelve al calor de la chimenea, a la comodidad de la casa calientita. Ahora el alma necesita un poco de calor.

El alma necesita calentarse para recargarse de energía, para tomar fuerzas para los nuevos desafíos que vienen por ahí y que desean ser superados.

Vuelve, ahora.

La tarea, por ahora, está acabada. Es la hora de descansar.

Guarda las armas.

Limpia y guarda las armas.

Y vuelve a casa, al calor de la cama, para que la esencia pueda descansar.

Porque es en el reposo donde se restablece el guerrero y recibe nuevas visiones de universos enteros por descubrir.

JESÚS

266

No quieras

No quieras perpetuar la vida.

Aprovecha.

Aprovecha cada instante de lo que la vida tiene para darte.

Cada minuto está mágicamente sellado por mí para darte todo lo que tu energía necesita para desarrollarse.

Cada instante que quieras que dure para siempre, cada movimiento que hagas para repetir experiencias, estás negando las nuevas experiencias que te están siendo presentadas.

No quieras perpetuar nada. Simplemente aprovecha cada instante.

Y agradece. Agradece estar vivo para poder disfrutar de la encarnación.

Sólo.

El resto vendrá por sí mismo para colorear tu vida.

JESÚS

Juzgar

Juzgar es considerar que las personas podrían ser diferentes de lo que son.

Es pensar que podrían ser de otra forma, más aceptable para ti.

Es querer que las personas quepan en tus expectativas para no tener que salir de tu círculo de comodidad.

Juzgar es pensar que el cielo se equivocó cuando puso a esa persona supuestamente desagradable delante de ti.

Es negar que la puedas haber atraído. Rechazar la posibilidad de que la hayas atraído para comprender mejor la energía que estás emanando, y consecuentemente rechazar la posibilidad de que seas tú quien tienes que cambiar —para parar de atraer.

Juzgar es negar el movimiento perfecto del cielo, de la energía, de la inmensidad del tiempo y del espacio.

Juzgar es considerar que tu pequeño ego sabe todo, incluso sabe lo que debería estar sucediendo, y por eso reniega de lo que está sucediendo.

Como ves, juzgar es uno de los movimientos más contrarios a la evolución.

Y tú, ¿por qué continúas en ese registro?

JESÚS

268

Música

Escucha una música que te guste. Pon una música que te guste.

Eleva tu alma hasta mí, y ven a bailar.

Encuéntrate conmigo aquí arriba, en este contexto mágico de luz, y deja que tu esencia vuele.

Deja que ella se exprese en la inmensidad del cielo.

Y por el amor que sientes por esa música, voy a encontrarme con tu corazón aquí arriba, y voy a tener la oportunidad de salvarlo de la tristeza, del frío, de la melancolía y de la violencia. Y cuando tu corazón vuelva a la tierra, estará lleno de mí y la tristeza habrá pasado.

Y podrás mirar a cada cosa como es verdaderamente, sin el peso del filtro que traes y que te hace ver todo oscuro.

Y vas a poder sentir la claridad.

Y, en tu corazón, para siempre, quedará plasmada mi imagen, mi energía y mi amor por las personas que, como tú, no tienen miedo de venir a buscar inspiración a los cielos.

JESÚS

269

Sin expectativas

¿Te has dado cuenta de que cuanto más intentas no tener expectativas sobre las cosas, cuanto más intentas portarte bien y dejar que la vida fluya, más tu ego encuentra formas paralelas de controlar?

Puedes intentar no crear ideas preconcebidas de las cosas, puedes hasta considerar —y aceptar— que no tienes dominio sobre el futuro, pero, aun así, tu controlador interno solamente se queda quieto, parado, pero no inactivo.

Inactivo sería si él solamente se quedase así. Solamente se quedase parado. Sólo. Así, quieto, esperando que la vida se presentase.

Pero él no está quieto. Él esta solamente parado, esperando que suceda alguna cosa. Y esa cosa deberá ser realmente fuerte para justificar su quietud.

Por tanto, eso continúa siendo control.

Prescindes de saber el futuro —con el aire benevolente de quien está prescindiendo de algo que está a su alcance— y el futuro no está a tu alcance, por tanto, ¿cómo puedes prescindir de algo que no está a tu alcance?

Pero tu controlador es así. Hace una ola tremenda para entregar algo que ni siquiera es suyo.

Prescindes de saber lo que va a suceder, pero te mantienes expectante en relación con el hecho de que vaya a suceder algo, e incluso quieres controlar la relevancia del acontecimiento. Déjame que te diga una cosa:

Con esa actitud, no va a suceder nada. Realmente nada.

No merece la pena que esperes.

No merece la pena que controles.

Comprende que no es con ese tipo de actitudes con las que alcanzas el reino de los cielos.

JESÚS

270

Fin —y nuevo comienzo

Es el fin.

El fin de las grandes esperanzas, de las grandes ilusiones.

Hay que terminar. Dejar que acabe lo que no avanza, lo que no se desarrolla.

Todo lo que no se desarrolla naturalmente es porque no es para ti. Y si no es para ti, déjalo ir. Despréndete. Suéltalo.

Hay cosas que son tuyas y quieren manifestarse. Están aproximándose a paso rápido y quieren exponerse. Quieren mostrarse, quieren que las aceptes en la vida como tuyas, sin equívocos, sin vacilaciones.

Pero desde allá arriba te encuentran lleno de certezas, lleno de resistencia, lleno de miedo al cambio, a lo nuevo.

Y tú no sueltas lo viejo porque no ves nada de lo nuevo aproximándose.

Y lo nuevo no se aproxima porque no sueltas lo viejo.

¿Ves la ironía?

Si continúas como estás, perpetuarás la vida mezquina y pequeñita que has estado viviendo.

Si sueltas las amarras de lo viejo y conocido te soltarás en el aire y serás llevado hacia direcciones imprevistas.

Donde vive lo que es para ti. Donde está lo que es tuyo. Y lo que es tuyo es mucho más que lo que tu pequeña mente puede imaginar.

Eso, yo te lo garantizo.

JESÚS

271

Nuevo inicio

Un nuevo inicio se abre.

Un nuevo inicio se abre para una nueva primavera.

Una nueva perspectiva, sin amarras ni cuestiones antiguas.

Una nueva realidad floreciente, verde como la primavera en sus primeros días.

Es tiempo de primavera espiritual. Tiempo en el que todo nace, en el que todo brota y se desenvuelve. Tiempo en el que todo se encaja de forma perenne y sin programas...

Y sin compromisos...

Y de forma desahogada....

Pero perenne.

Tiempo de medios escasos para alcanzar tantos fines anunciados.

Tiempo de elecciones. Tiempo de reflexión.

Tiempo de iniciar la jornada. La nueva jornada que te lleva al infinito.

Donde la carretera es frágil, pero iluminada.

Donde el caminar es inseguro, pero feliz.

Donde el tiempo es tiempo. Y lo que hagas con él va a contar siempre a tu favor.

Un nuevo inicio se abre. No quieras saber lo que es. Siéntelo.

No quieras controlar la vida.

Siente.

No quieras llegar al fin. No te apresures.

Siente.

Recorrer el camino es la única certeza que tendrás en esta carretera tan turbulenta.

JESÚS

272

Vuela

Vuela hacia lo blanco, más allá de las estrellas, más allá de las constelaciones —más allá de lo infinito imaginario.

Vuela más allá de lo que tu cuerpo puede soportar.

Acepta desprender, acepta prescindir.

Vuela más allá de lo blanco, pasa el portal de luz.

Ven a mi encuentro.

Dame tu corazón, dame tu capacidad de amar, dame tu fuerza.

Vuelve a casa y yo voy a transformarte en un ángel, voy a transformarte en un ser de luz, voy a transformarte en un avatar.

Y después, cuando regreses a la tierra, nunca más será igual porque llenaste la tierra del cielo. Llenaste la tierra de mí.

Jesús

ARCHIVO DE PREGUNTAS

Podrá hacer aquí su archivo con las preguntas planteadas y los mensajes que ha recibido de *El libro de la luz*. No se olvide de indicar siempre la fecha, cuál fue la pregunta hecha y cuál fue el mensaje recibido. Sólo así podrá ver, con el tiempo, la evolución de cada pregunta.

Fecha_____/_____/_____ Asunto_____

_____

Mensaje_____ Página nº_____

Fecha_____/_____/_____ Asunto_____

_____

Mensaje_____Página nº_____

Fecha_____/_____/_____ Asunto_____

_____

Mensaje_____ Página nº_____

Fecha_____/_____/_____ Asunto_____

_____

Mensaje_____ Página nº_____

Fecha_____/_____/_____ Asunto_____

_____

Mensaje_____ Página n°_____

Fecha_____/ _____/ _____ Asunto_____

_____

Mensaje_____ Página n°_____

Fecha_____/ _____/ _____ Asunto_____

_____

Mensaje_____ Página n°_____

Fecha_____/ _____/ _____ Asunto_____

_____

Mensaje_____ Página n°_____

Fecha_____/ _____/ _____ Asunto_____

_____

Mensaje_____ Página n°_____

Fecha_____/ _____/ _____ Asunto_____

_____

Mensaje_____ Página n°_____

Fecha_____/ _____/ _____ Asunto_____

_____

Mensaje_____ Página n°_____

Fecha_____/_____/_____ Asunto_____

_____

Mensaje_____ Página n°_____

Fecha_____/_____/_____ Asunto_____

_____

Mensaje_____ Página n°_____

Fecha_____/_____/_____ Asunto_____

_____

Mensaje_____ Página n°_____

Fecha_____/_____/_____ Asunto_____

_____

Mensaje_____ Página n°_____

Fecha_____/_____/_____ Asunto_____

_____

Mensaje_____ Página n°_____

Fecha_____/_____/_____ Asunto_____

_____

Mensaje_____ Página n°_____

Fecha_____/_____/_____ Asunto_____

_____

Mensaje_____ Página n°_____

Fecha_____/_____/_____ Asunto_____

_____

Mensaje_____ Página n°_____

Fecha_____/_____/_____ Asunto_____

_____

Mensaje_____ Página n°_____

Fecha_____/_____/_____ Asunto_____

_____

Mensaje_____ Página n°_____

Fecha_____/_____/_____ Asunto_____

_____

Mensaje_____ Página n°_____

Fecha_____/_____/_____ Asunto_____

_____

LISTA DE MENSAJES POR TOPICO

Para más información sobre la autora
visite: www.alexandrasolnado.net.

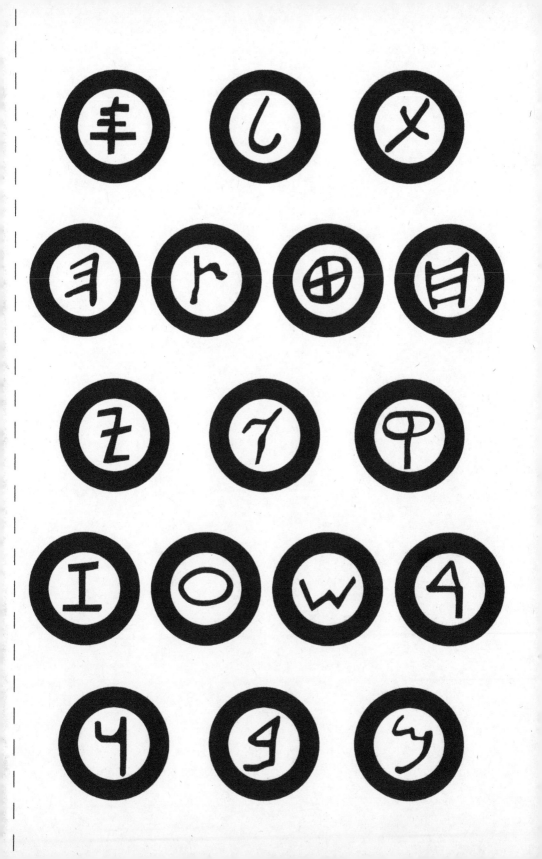